続・心理学で文学を読む

親・大人のあり方をめぐって

山岸明子

新曜社

はじめに

「心理学で文学を読む」という、「心理学」と「文芸評論」の中間のような本を二冊上梓してきた。[1][2] その後も様々なきっかけで様々な小説や伝記を読み、心を動かされた作品について心理学の知見も使って読み込むという作業を続けてきた。文学作品に描かれた登場人物の言動を心理学の事例として、「この人はなぜこのように行動し、このように生きるのか、その背景にあるのは何で、何がその生き方を導いたのか」を分析するという試みである。

登場人物が様々な経験をし、その後どうなったかが長期的に描かれている優れた文学作品を事例として取り上げる利点として、心理学の学術的な方法では検討がむずかしい複雑な問題を扱えることがあげられる。人の生涯において様々な経験が後のあり方にどう影響するかは発達心理学の中核的なテーマと考えられる。その検討の王道は縦断的な研究であるが、長期にわたる検討はむずかしいし、研究当初から幅広い要因をカバーすることもなかなかむずかしい。それを可能にする事例が、創作ではあるが提示されているのである。

小説は基本的には虚構のものであるし、伝記も著者の主観が混ざっていて現実に即した「事実」とは限らず、客観性や信頼性に留意して集められる心理学のデータとは異なっているが、人間性の本質を描くことに秀でた作家が表現したいという強い思いをもち、全力をあげて書き上げた作品は、人間の本質への洞察に満ちていて、人の心理や生き方の「真実」、人間性の本質をついている可能性がある。その一方で作家には見えていなかったことや敢えて見なかったこと、書かなかったこともあると思われるが、心理学の知見を使って読み込むことでそれらが見えてくるかもしれない。そして広く読まれ評論等でよく論じられている作品の登場人物の言動やその人生を心理学的に再検討することで、作品に関する新たな読み、新たな気づきが得られる可能性もあると考える。

本書は以上のような考えに基づいて、心理学と関連させて論じてみたいと思った文学作品を取り上げ、色々な角度から考えているうちに出来上がった論文五編から成り立っている。前回の二冊は「困難やつらさを乗り越える」というテーマだったが、今回は「親・大人のあり方」がテーマとなっている。無力な子どもは一人で生きていくことはできず、養育者にケアされ、しつけを受ける中で、生きる力を身につけていく。特に幼少期の子どもは養育者の保護なしには生きていけないし、養育者が提供する環境の中で、彼らを介して世界に出会っていく。そしてその後も長期にわたって大人たちからの養育を受ける中で、子どもたちは徐々に自立していく。親子関係のあり方が子どもにどのように影響するのかの検討は心理学の一大分野であり、多くの研究がなされてきており、一般的にも関心は高い。筆者も長年にわたって研究し考えてきたテーマであり、今回取り上げることとなった。

本書で取り上げる文学作品、および論じられる概要は以下の通りである。

1章では島尾敏雄の私小説『死の棘』に描かれた夫婦の激しい諍いに翻弄された二人の子どもに対して、両親はどのような影響を与えたのかを検討した。不適切な養育環境で育ったことの影響——『死の棘』に書かれた異様な時期だけでなく、そこを潜り抜け「平穏な家庭」になったとされる時期の父母のあり方の影響——について、島尾敏雄の他の小説や息子によるエッセイ、島尾敏雄についての評論等も用いて検討を行った。

2章では天才女流チェリストとして活躍していた最中に難病にかかってチェロを弾けなくなり、不幸な病臥生活の後夭折したジャクリーヌ・デュ・プレの生涯を取り上げた。二冊の伝記作品を用いて、母親の優れた教育によって才能が花開く一方、天分をもつ子どもの養育の歪みが、彼女の後の言動にどう影響したか、他の有名な演奏家に関する著書との比較も含めて分析を行った。

3章は宮沢賢治の生涯を父親の視点から描いた門井慶喜の小説『銀河鉄道の父』を中心に他の評論も参照しながら、賢治にとって父親はどのような父親で、賢治の生涯や作品にどのような影響を与えたのかについて、そのことが表されていると思われる二つの作品の分析も含めて検討した。

以上の1章から3章は著作を通してではあるもののノンフィクショナルな事例であるが、4章では中村文則の小説『私の消滅』の分析を行った。子ども時代に虐待を受け歪んだ主体感をもたされてしまった主人公は、確かな主体感を求めて復讐のために人を破滅させ自分も自分でなくなるという人生を選ぶ。なぜ主人公はそのような行動をとることになったのかを、子ども時代の経験―大人のあり方との関連から論じた。

5章では村上春樹の小説における「大人」の描かれ方について論じた。彼の小説の登場人物は、大人の年齢になっても心理的に青年期に留まっている者が多く、肯定的な「大人」はほとんど登場しないという特徴があった。しかし中期から自分の責任を果たす真っ当な「大人」が登場し、「大人になること」あるいは「大人であること」を描こうとするようになっているが、村上春樹はそれらをどのようにとらえているかについて考察を行った。なおこの章の中心は「大人のあり方を考える」ことであるが、親のあり方の子どもへの影響や関係の変化についても論じた。

以上の五編に登場する子どもたちが生きた時代は、1、2章は昭和、3章は明治から大正、4章は現代、5章は昭和から現代とまちまちであり、また問題のあり方も様々だが、親・大人との関係の問題がどのような時に大きな問題になり、どのような時にそれを回避したりあるいは好転させたりできるのか、そして親・大人のどのようなあり方が生涯にわたって子どもに影響するのか、親・大人とは何なのか等を考えてみようと思う。

なお、心理学における親子関係の研究は母子関係が多く、父親は「忘れられた貢献者」と言われているように、[3] 父子関係が取り上げられることは少ない。現代の日本社会では父親も子育てに参加することが要請される一方、ロール・モデルはない状況である。エリクソンの自我発達理論[4]では次世代を育てること＝生殖性＝「世話・ケア」は成人期の発達課題であり、母親だけではなく父親にとっても、そして大人一般にとっても、子どもに対してどうあるかは重要な問題であると言える。

本書の3章、5章で取り上げたのは父親の問題であるし、他の章でも母親だけでなく父親のあり方も論じられている。父親も含め、あるいは親でなくても、「大人」は次世代に対してどうあるべきなのかを考える上で参考になれば幸いである。

なお本書では引用部分が多いため引用ページは省略し、該当著書については引用文献の番号で示した。著書名・作品名には『 』、引用文には「 」を用いる。

目次

装幀＝新曜社デザイン室

1章　『死の棘』の子どもたち

——両親は彼らにどのような影響を与えたのか

精神科病棟に入院中の島尾夫妻と子どもたち（左端はその間面倒をみていた親戚の女性）：昭和30年
（島尾伸三氏の許諾を得て掲載）

1　はじめに

島尾敏雄の『死の棘』[1]は、夫の浮気を知って嫉妬に狂い執拗に彼を問い詰める妻ミホとの葛藤と苦しみに満ちた日々が綿密に綴られた私小説である。二人の諍いがなぜそこまで凄まじくなってしまうのか、なぜいつまでもそれが続くのか、読者は二人の心理と行動を追い続けることになる。一方二人には問題が生じた時に6歳と4歳だった長男の伸三[注1]と長女のマヤがいて、その二人の言動も所々に書かれ、その大変さとつらさ、そしてそれにもかかわらず幼い二人が見せる健気さに胸突かれる。

奄美大島で育ち小学校の教師をしていたミホは、特攻隊長として島に赴任した島尾敏雄と恋に落ち、出撃が決まった敏雄の後を追って自死するつもりであったが、敏雄の出撃は中止となり、終戦を迎える。敏雄はミホに結婚を申し込んで本土に戻り、ミホは敏雄を追って神戸に行き、二人の結婚生活が始まる。死を覚悟していた敏雄は日常的な生活に馴染めず、ミホも島民に慕われる素晴らしい「隊長さま」とは異なる敏雄に落胆し、不本意な日々を送るが、やがて敏雄は文学仲間である女性と不倫をし、外泊を繰り返すようになる。ミホはそれに気づくが、何も言わずにじっと耐え、二人の子どもを育てていた。

昭和29年9月29日、敏雄の机に開かれた日記帳が置いてあり、それを見たミホは錯乱状態に陥る。おとなしくて自制心のあった彼女は豹変し、帰宅した敏雄を厳しく糾弾して、三日三晩不眠で取り調べが行われる。その後もミホは夫の不倫についてすべてを知ろうとして、関連することに気づいたり思いついたりすると、荒れて詮索し、それだけでなく激しく問い詰め、罵り、時に足蹴にする等の暴力を振るい、それが執拗に続くうちに、敏雄もミホの発作に逆上して大声で騒いだり逃げ出したりするようになる。

『死の棘』はミホが敏雄の日記を見て狂ってしまった日から始まり、混乱の日々が続き、敏雄の故郷に帰ったり慶応病院に入院したりするがよくならず、その後敏雄も付き添って国府台病院の精神科病棟に入院する日までのことが、12章に分かれて書かれている。『「死の棘」日記[2]』は敏雄が実際に書いていた日記で、9月30日「この晩より蚊帳つらぬ」の一行で始まり、『死の棘』に書かれていることが日にち別に書かれている（但し梯の『狂うひと[3]』によれば、ミホが検閲し一部書き換えている）。そして二人は国府台病院で入院生活を送り、子どもたちはミホの従妹に連れられて先に奄美大島に行き、その後退院した二人も奄

[注1]『死の棘』では「伸一」と表記されている。

美大島に行って、家族で暮らすようになるが、それらの日々がその年の大晦日まで書かれている。

島尾敏雄は『死の棘』を16年間にわたって書き、読売文学大賞や日本文学大賞等を受賞、芸術院会員にもなって、彼の代表作となる。ミホの凄まじい言動と夫婦の苦悩の日々が綿々と綴られているのだが、ミホは「無垢で激しい愛ゆえに狂気に至った聖女」であり「純粋稀有な夫婦愛を描いた作品」というようにもとらえられ、[3]ミホは『死の棘』のヒロインとして有名になる。さらに彼女は自ら小説を書くようになり、生まれ育った奄美大島の思い出や特攻隊長だった敏雄との恋を描いた『海辺の生と死[4]』で田村俊子賞を受賞している。

敏雄は事件やその直後のことについては多大な労力を注ぎ、詳細な記述を残したが、その後のミホや子どもたちについて書いた作品は多くはない。しかし、奄美大島への移住後の家族四人での生活を書いた短編『妻への祈り・補遺[5]』ではミホや小学生だった二人の子どもに対する敏雄の気持ちや対応が読み取れるし、子どもたちの成人後の47年4月から一年間の日記「日の移ろい[6]」は、伸三が大学を卒業し、マヤは鹿児島の大学の寄宿舎にいたと思われる時期の日記で、その頃の家族の様子を知ることができる。

『死の棘』や『「死の棘」日記』を読んだ者は、いつまでも繰り返される二人の諍いに辟易としながらも引き込まれ、また両親の日々の行動が子どもたちに悪影響を及ぼしたのではないか、二人はその後どうなったのかという危惧の念を抱くと思われる（そして長女マヤは小学校三年頃から言語障害が起こり、やがて口がきけなくなり、身体的な障害をもってしまったことを後の著作で知ることになる）[5]等。但し島尾敏雄に関する研究や評論は、夫婦の問題や彼の贖罪意識[注2]等についてのものが多く、子どもへの影響に焦点化したものは見られない。

この章では、敏雄とミホの言動が二人の子どもにどのような影響を及ぼしたのかを検討する。事件直後の影響については『死の棘』と『「死の棘」日記』の記述、それ以降に関しては主として敏雄の「妻への祈り・補遺」[5]と、長男伸三の著書[7][8][9][10][11]を資料として用いる。また敏雄とミホについて多くの資料を駆使して詳細に論じている梯の評論『狂うひと』[3]にあるミホへのインタビューや作品以外の資料、そしてミホ主演のドキュメンタリー映画『ドルチェ―優しく』をめぐる著作等[12]も参照した。

本章では、二つの時期――『死の棘』および『「死の棘」日記』に書かれているミホの

[注2] 敏雄は加計呂島の特攻隊長で、「隊長さま」として島の人々に慕われていたが、島は本土を守るための捨て石であり、自分たちの出撃後に島民が自決するための壕を掘らせていた等で、島や島民に罪悪感をもっていたこと[3][13]、また突撃が変更になったため特攻隊員として誰も死なずにすんだが、隊長としてどの部隊を先発させるか決定し、死なずに終戦を迎えたことで倫理的負債を負ったこと[13]等が指摘されている。彼の作品や生き方にはミホを狂わせてしまったことと共に、隊長としての贖罪意識も関与していたと考えられる。

ミホ	伸三	マヤ
27歳	23年7月　誕生	25年4月　誕生
錯乱	6歳	4歳
2つの病院に入院　10月奄美大島へ	4月小学校入学　6月奄美大島へ	6月奄美大島へ
	洗礼	洗礼
		32年　小学校入学
		34年　言語障害
（回復）	36年中学入学	37年頃　悪化
	39年高校入学（熊本）寮生活	38年　中学入学
同人誌に発表	43～47年大学（東京）	41～46年 or 48年
49年「海辺の生と死」刊行	ミホの本の挿絵を書く	寄宿舎（鹿児島）
田村敏子賞受賞	初の個展	図書館司書
	結婚（30歳）長女マホ誕生	
		上京（3年間東京在）
		ミホの下に戻る
	9年～著書（エッセイ）7冊	
「ドルチェ」主演		8月　没（52歳）
3月　没（87歳）		

島尾家と4人の年譜（主な出来事）

年	島尾一家	敏雄
昭和		
21年	3月結婚（神戸：父親宅の2階に住む）	29歳
		非常勤講師
27年	小岩へ	非常勤講師
29年	9月　事件	事件
30年	佐倉→入院→奄美大島へ	付添入院　10月奄美大島へ
31年		12月　洗礼を受ける
32年		県職員　図書館に勤務
33年		図書館分館長
35年	図書館分館長になり官舎へ	「死の棘」刊行（～51年）
		36年芸術選奨受賞
40年		図書館館長
44年	鹿児島へ	自転車事故→鬱状態に
50年	茅ヶ崎へ	短大教授・図書館長
52年		
53年		「死の棘」読売文学賞、日本文学大賞受賞
58年	鹿児島へ	56年日本芸術院会員
61年		11月　没（69歳）
平成		
2年	「死の棘」映画化	
4年	ミホ・マヤ奄美大島へ	
11年	「ドルチェ」撮影	
14年		
19年		

錯乱とその後の混乱時代と、その後の「静かにミホを見守り、またいたわり合いながら、敬虔に贖罪の生活を送っていた時」[14]――の両親と子どもたちの言動の記述に基づいて、両親が彼らにどのような影響を与えたのか、どの時期のどのような両親の言動が特に重大な影響を及ぼしたのかについて、心理学の知見も参照しながら検討する。6～7頁の表は島尾家全体と四人別の年譜（主な出来事）をまとめたものである。

なお本章では『死の棘』『「死の棘」日記』の引用部分が多いため、この二書については引用文献の番号は表記せず、それ以外の場合にのみ付した。

2　『死の棘』『「死の棘」日記』の時期

(1) ミホの錯乱から精神科病棟入院の日までの状況と、子どもたちの言動

錯乱状態に陥ったミホは敏雄を激しく問い詰め、罵り、時に暴力を振るうという「発作」を起こす。そしてそれが執拗に続くうちに、敏雄もミホの発作に反応してしまい、逆上して妻に負けずに大声で騒いだり、「自殺をする」と言いながら逃げ出したりするようになる。

そのような両親の異常な言動に直面した伸三とマヤは、その場を離れて外に行き、戻ってきて親たちの険悪な様子を見るとまた出て行くというような行動をしたり（食事もできない時はお金を渡されて二人で食べている）、じっと親の様子を見ていたりする。あるいは「お父さんが逃げるよ」とミホに起こされた二人は、「髪を振り乱しつかみ合う親たちを見ると、怯えた目つきで一緒に大声で泣きだした」というような反応もしている。

二人は親の諍いを「家庭の事情」と命名するようになる。そして「家庭の事情」をして、母親が泣いて出ていくのではないか、父親が自殺するのではないかと心配し、特に伸三は何とか止めようと必死で頑張っている（逃げ出そうとする両親を捕まえて離さない、首を吊ろうとする父親に「あぶないよ」と言ってミホに知らせに行く、「お父さん、僕、本気でお願いするよ」と何度も頼むというように）[注3]。

但しミホはいつも険悪なわけではなく、今まで通りの優しい穏やかな母親・妻に戻ることもある。何がきっかけで発作が起こり、何がきっかけで戻るのかわからないまま（例えば「もみ合ううちに妻の表情が和らぐと、二人は『ワイ、ワイ、ワイ』と狂気のように喜んでとびまわる」一方、「楽しく夕食が始まった後で、妻が突然茶わんも箸も投げ出すと、家の中は一

［注3］子どもたちが言った言葉はカタカナで表記されているが、本稿では普通に表記した。

瞬に荒涼の場となる」とある）、二人はしばらく我慢すれば終わることを心得て、途方にくれた諦めた顔つきで静かにしている。

なおそれまでは敏雄はあまり家におらず、子育てもミホが一人で愛情をかけてやっていたせいか、子どもたちはミホの異様な振る舞いに対しても敏雄が悪いと思っているようである。ミホが異様な険しさで敏雄を責める状況が続くが、例えば帰りが少し遅くなった敏雄に、伸三「お父さん、夜あんまり遅くなると、お母さんが気狂いになって家を出て行っちゃうよ」、マヤ「お父さん、嘘つくとひっぱたいちゃうから」と言っている。そして敏雄の逆上に対しては「お父さん、嫌い」と言い、「妻も子どもも私を疑い、審きの銃口を私に向けようとする」「二人は気味の悪いものを見る目つきで父親に視線を注ぐ」というように、子どもたちは敏雄に否定的であった。しかしミホの糾弾が執拗に続き、敏雄が家事をし、子どもの面倒を親身になってみる日が続くうちに、伸三は徐々に父親を理解するようになり、労ったり、同情を示すようにもなっている。「お母さんばかりがえらいんじゃないよ。お父さんもえらいんだぞ。時々気狂いになるのがないといいんだけど、気狂いになっても、僕はお父さんが好きだ」とあり、またミホが入院すると「お父さんがかわいそうで仕方がない、お母さんがいないとかわいそう」と言っている。

一方で非力な彼らは、つらいその状況を受け入れるだけである。伸三は言っている。「もういろんなことを見てしまったから仕方がない。生きていたってしょうがないから、お母さんの言う通り、お母さんと一緒に行って、お母さんが死のうと言えば一緒に死ぬよ」。自分ではどうしようもないという諦めと、そういう状況でも親を信じ従おうという気持ちが窺える。

（2）両親の言動の子どもたちへの影響

両親の常軌を逸した言い争い、異様な振る舞いは、子どもに大きな影響をもたらすことが予想される。まだ6歳と4歳である二人にとって両親は絶対的に必要なため、両親の激しい諍いは二人の安定感を脅かすし、精神分析学者ボウルビーが言うように[15]、愛着対象のそばにいたいという欲求は生得的な基本的欲求であり、親がいなくなるのではないか、死んでしまうのではないかという不安は子どもにとって最大級の不安だと思われる。前節でも色々述べたが、二人は脅かされて、「僕、楽しいことなんかもうなくなっちゃった。楽しくても心から笑えないんだ」（伸三）、「心配で眠れない。（父の「心配しなくていいから、ぐっすりお休み」に対して、にこりともしないで）私だって考えているんだから」（マヤ）というように、鬱的気分や不眠を訴えたりしている。

敏雄自身も、自分たちが彼らに悪影響を与えているのではないかという危惧をしばしば記している。伸三とマヤの心が荒んでしまって言うことを聞かない場面や、敏雄と二人の関係が悪くなり徐々に心が離れていくことが様々なところで書かれている。例えば慶応病院受診の日、電車の中でミホはおかしくなり、また病院でも長時間待たされ、その後大勢の実習生の前で診察を受け、興奮して電気ショックにかけられるというように強い緊張が続いた日であったが、子どもたちは落ち着かずに動き回り、わざと人の邪魔になるようないたずらをしたりする。敏雄は彼らはミホの毒気を感受し、わざとまわりに見せつけている、親の言いつけを素直に聞いていたのに、もうそうではなくなった、親たちの愚かな行為を冷たい目つきで見ている等、心配し傷ついている。

敏雄との関係については、12月にはすでに「伸三が白い目を向けるようになった」「マヤはいつも怯え、怪我をしても親に言わない」ことが書かれ、その後も「伸三が父親を少しも恐れなくなった、白い目で見る」ということがしばしば書かれ、また言うことを聞かない伸三に体罰を加えた敏雄に、伸三は敵愾心を剥き出しにしたとある。マヤがオーバーを捨てて、どこに捨てたか言わないというもめごとの時は、「マヤが後を振り向き振り向き、夢中になって逃げていく前こごみの小さな姿が目の底から消えそうにない」と書いている。

但し敏雄との関係が悪くなったのは、この時期ではないように思われる。ストレスが多い状況で、対立やもめごとがあるのは当然だし、子どもが不適切な行動をして親に怒られるのはどの家庭にもあることである。親に怒られた時には不機嫌になったり悪態をつくこともよくあり、それは親への信頼を失い、親を恐れなくなったということではないだろう。慶応病院での受診時のことも、過度に緊張を強いられていらいらしそれを抑えられなくなると、いつも我慢している分エスカレートしてしまっただけであり、特に大きな問題ではないと思われる。また敏雄も過剰なストレスを常にかかえ（ミホの具合はよくならず、慣れない家事や子どもの世話をし――6歳と4歳の子どもの世話は大変である――、入院しているミホの見舞いに行き、仕事もし、かつミホからの攻撃に耐えなければならない）、時には感情的な対応をするのも無理はない。

　そして感情がこじれた後も子どもたちとの暖かい感情のやりとりはあり、例えば上述の受診の三日後にミホは入院するが、その夜寝床で父親を気遣う伸三を敏雄は抱き寄せてその両足を股にはさむと、伸三は「お母さんと寝た時もそうしたよ」と秘密を打ち明けるように言ったとある。この時期、敏雄と子どもたちの関係に大きな問題はなかったと言える。敏雄の描く敵対的な伸三は、年長になるにつれ両親への思いが否定的になり、反抗的になっていった[5]伸三のイメージの投影と思われる。マヤが両親を恐れていたというのも、後にミホに対してはそうであったようだが、敏雄に対する恐れの記述は前述の時以外は全く見当たらない。オーバーの件も、日記には靴を片方なくして駅に探しに行ったことしか書かれておらず、彼女が逃げて行く姿は後になってもたれた敏雄の心象風景である可能性がある。

（3）悪影響がそれほど大きくなかった理由

両親の常軌を逸した激しい諍いに曝され、親が自殺したり逃げ出す可能性もあり、しかもそれが延々と続くという苛酷な状況に置かれているのに、伸三とマヤは、意外に大きな問題を見せなかったということを前節で述べた。彼らは荒れたり退行するというような不適応行動をすることもなく、状況をしっかり見て、状況に応じた行動をとっている。そして子どももながらに、問題が大きくならないように父親に協力し、時に親にまともな行動をするように頼んだりし、さらに親を気遣い、慰めたり励ましたりもしている（「お父さん、元気だしなさい」「お父さん、小説書いて疲れたら、ぼうや（＝僕）を起こしなさい。肩をたたいてやるよ」）。そのような言動は、伸三の優しさの現れでもあるが、愛情に不安のある子は時に親をいたわり、世話をやくような行動（内的作業モデル[注4]のアンビバレント型に見られる「役割逆転」をすることも指摘されている。[15] そのような意味では全く問題がないというわけではないし（入院中のミホの主治医（伸三の診察はしていない）は、ミホの話を聞いて伸三のことを神経症だと言ったとミホは言っている）、無理を重ねていると思われるが、その一方で彼らが両親の気持ちを和ませ支えているのも確かである。二人は幼少であるにもかかわらず、破滅的な状況によく対処していると言える。

なぜ彼らは大きな問題をもたずにすんだのか。その理由として以下のことが考えられる。

① それまで十分愛され、安定した状況で健全な発達をしていた

ミホはそれまでの10年間つらい状況にあって、必ずしも心理的に安定していたわけでは

【注4】ボウルビイによれば[15]、幼児は特定の他者に愛着を向け安心感を得るが、それは幼少期にとどまらず、生涯にわたってもたれるとされる。幼少期の特定の他者（養育者）との関係のあり方は内的表象として内面化され、内的作業モデル――「他者は自分を受け入れてくれるか、自分は他者に受け入れられる存在なのか」に関する枠組みをもち、それを使って対人行動をとる。その枠組みには安定型／アンビバレント型／回避型／無秩序型があるが、他者に受け入れてもらいたい気持ちを強くもつが、受け入れてもらえているか自信をもてず不安感が強いアンビバレント型の者は、他者が離れていくのではないかという不安をもちやすく、子どもが時に親の世話をやくような行動をとるとされている。

なかったが、そのことを表に出さず、よい母親だったのだろう。養父母からの愛を一身に受けて育ったミホは、子どもを愛し適切に応じる能力をもっていて、子ども二人は健全な自我を発達させていたと思われる。敏雄は家庭を顧みず「よい父親」ではなかったが、ミホはそのことを子どもたちには言わず「よい父親」として話していて、父性も母性も適切に機能していたと思われる。親が逃げようとしたり「死ぬ」と言ったりすれば、彼らも不安に思い阻止するが、それは親同士の問題であり、「自分が愛されていないから捨てられる」というような愛着上の不安をもつわけではない。精神分析学者エリクソン[16]の言う「基本的信頼」をもち、親や世界、自分への信頼をしっかり持ち続けているように思われる。[注5]彼らには「自立性・自律性」や「積極性」もあり（事件前にも、敏雄の行動を探りに出かけたミホが真夜中になっても帰ってこない時、二人で寝間着のままで駅まで迎えに行って、石けりをして遊んでいたというエピソードもある）、混乱した状況で、親に頼らないでどうしたらいいのかを子どもなりに考えながら、（まだまだ親の庇護が必要な時期であるのに）何とか日々の生活を送っている。両親が異常な行動をしていることで、まわりからいじめられることも多かったと考えられるが、そのような困難にも自分たちで対処している（伸三は直接戦い、マヤは「ほらね、うちのお父さんは気狂いなんだよ」とむしろ得意そうに友達に言ったり、たたかれても泣かず「私の母さん、強いんだから」と言ったりしている）。

ミホの状態をよく見て、それに合わせて行動するためには、自己統制力が必要だが、（時々言うことを聞かないこともあるものの）彼らはそれをもっているし、相手の気持ちや状況を理解する能力はこの年齢に不釣り合いなほど高く、社会性の発達は著しい。[注6] 前述のように時に両親に対する優しい気遣いを示すが、これは子どもや夫に対するミホの優しい言動を見てきたことにも由来すると考えられる（ミホは荒れ狂った後、敏雄を優しく宥めたり、自分のベッドを彼に譲ったりもするのである）。

②両親は異様な行動をするが、それは自分に向けられたものではないし、やがて終わって優しい元の母親、父親に戻る

夫婦間に問題が起こると子どもの養育が疎かになったり、子どもに対する攻撃性が増すことが報告されているが、[17] 敏雄とミホの場合はひどい状況の時は養育が不十分になるもの

【注5】エリクソンの自我発達理論によれば[16]、乳児期には「基本的信頼」、幼児期の前期、後期には各々「自立性・自律性」と「積極性」を獲得することが発達課題だとされる。

【注6】他者の立場や気持ちの理解は、幼少期には自分の視点と分化させることがむずかしく、相手の視点から理解することや相手の視点から自分の思考や行動について内省することは、セルマンによれば、各々5～9歳、7～12歳とされている（日本の場合はもう少し早い傾向があるが[18]）。

の、敏雄がそれなりに世話をしているし、攻撃が子どもに向けられることもほとんどない。そしてどんなにひどい諍いになっても、ミホは攻撃した後で敏雄に謝り、優しい以前のミホになり、二人は睦まじくすらなる。仲三は「お母さん、気狂いになった時、お父さんもお母さんも気狂いの様じゃなかった。子どもを置いて、向こうの部屋に行ってすぐに仲直りするのね。カナシャ（＝頬ずり）なんかして」と言っている。ひどいけんかをしても二人は愛し合っているのだという安心感、どんなにひどい状況になっても、必ず元に戻るという見通しを彼らはもてるのである。ミホは時々子どもにも謝り、前のようなお母さんになると言ったりもしている。

両親の諍いは子どもに悪影響を及ぼすが、但しその後仲直りすれば、悪影響は弱まるという研究も報告されている。[注7] いつ、どのようなきっかけで発作が起こりそれが収まるのかわからないという状況はストレスフルだが、どんなにひどくてもそのうち仲直りすると思えることは希望をもたらす。

③ 家族が孤立しておらず、様々な人とのかかわりがある

島尾家には親戚や仕事上かかわりのある人がよく訪れている。他人がいるとミホは発作を起こさないため、誰かが訪問すると、安心して気を遣わないでいられるという意味で、

敏雄にも子どもたちにとっても他者の訪問は重要であった。敏雄が仕事の時も四人で出かけて、敏雄は三人を親戚に預けて学校に教えにいくという生活であった。親に代わる愛着対象になるということではないが、普通の空気を持ち込んでくれ、親身になってサポートもしてくれる。但しやがて他人がいても発作が起こるようになっていく（電車の中、病院、親戚の人が来ていたり子どもが友達と遊んでいても）が、それでも四人だけの時よりはゆるやかである。慶応病院退院後、敏雄の愛人が自宅に来たことから病状が悪化し、子どもたちはミホの従妹の下宿で暮らすようになり、その後彼女に連れられて、両親から離れて遠い奄美大島に行くことになるが、両親以外の大人とのかかわりが多かった二人は不安感を示すこともなかった。

苛酷な状況に置かれながらも、二人が何とかそれなりに対処できたのは、上記のような外的、内的なプラス要因があったからだと言えよう。

［注7］ 夫婦がけんかをし、その後三種の経過群――①謝罪や妥協で解決する群、②話題を変える等の部分的解決群、③けんか・沈黙が続くという未解決群――を設けて、ビデオに撮って子どもに見せ、夫婦の怒りの程度や自分の中に生じた情動反応を評定させると、①解決群においては夫婦の怒りは弱く、自分も怒りや恐れをあまり感じないという結果であった〔17〕。

（4）入院後から家族で奄美大島で暮らし始めた頃までの状況と子どもたちの言動・両親からの影響

事件以来つらい日々が続き、父親の故郷の相馬に行ったり、ミホが慶応病院に入院・退院したりし、その後小岩から佐倉に引っ越し、伸三は小学校入学早々転校をすることになる。そして佐倉でもミホが荒れる事件が起こってしまい、子どもたちはミホの従妹の下宿を経て、奄美大島へ行き、両親は別の病院（国府台病院）に二人で入院するというように、環境は目まぐるしく変化する。この時期子どもたちにとって状況は非常に厳しく、負担は大きかったが、彼らにそれほど大きな問題は生じていないのではないかということを述べてきた。

二人は親元を離れて全く知らない土地に行くことになるが、それは子どもにとって大変なことであるし、知っている人も東京でしばらく同居して世話をしてもらったミホの従妹の和ちゃんだけである。それにもかかわらず、適応は比較的スムースだったようで、四か月後に敏雄とミホが会った時には島の言葉を話し、アヤさま（二人を預かってくれた母方の叔母）になついている様子であった。但し二人とも痩せて目がぎょろついていて、マヤにはひどい吹き出物、仲三には喘息の症状が出ており、健康状態はよくなかったが、ミホの親戚（特にアヤさま夫婦）のサポートを得て、寂しい思いをしながらも大きな問題もなく過ごしていたと思われる（但しアヤさまはマヤがいつも「心配、心配」と言っていることを気にかけ「神経症なのではないか」と敏雄に言っているが）。

両親が島にくると、敏雄一家はアヤさまの敷地内の離れに住み、アヤさまの助けを借りながら生活を始める。ミホは憂鬱だったり不機嫌になることもしばしばあったが、食事を作ることもあり、仲三は「お母さん一人でしましたね。ずっと続くといいね」と言ったりしている。アヤさまの家で食事をすることも多く、子どもたちはアヤさまのところに寝にいったりし（特にマヤはしょっちゅう）、ミホも一緒にふろに行ったりしゃべったり、家事を手伝ってもらったりしている。ミホも子どもたちもアヤさまから道具的にも情緒的にも大きなサポートを得ていると言える。特にマヤはアヤさまによくなつき、敏雄は「マヤは初めておばあさんの味を知る」と書いているが、新たな愛着対象を得たようである（マヤはアヤさまとの交流から世界と自分への信頼感を確実なものにし、それが後の彼女の強さの源泉の一つになったと思われる）。そして時には他の親戚も一緒に大勢で食事をし、マヤが歌を歌って楽しい時を過ごすこともあったとある。アヤさまはミホを宥めることもうまく、憂鬱だったり、不機嫌になることがしばしばあったミホは、アヤさまに宥められて騒ぎにならずにすんでいた。
しかし11月にミホが発作を起こし、敏雄が死にに行くと言いだす状況になり、伸三は三白眼で父親を見つめ涙をこぼし、マヤもミホに大声を出す敏雄を見て「家庭の事情した」と泣き出したとある。ミホはその後もしょっちゅう発作を起こし、それは日記の終わりの12月の末まで続いている。その度にアヤさまが出動して何とか宥めているが、まだミホの状態は不安定のままであったようである。

両親から離されて奄美大島で過ごした時期、そして両親が島に来てからもアヤさまたちの援助は続き、子どもたちは周囲からサポートを得ていたし、ミホ自身もアヤさまから道具的にも情緒的にも大きなサポートを得ることで、以前のように敏雄とミホが騒ぎを起こすこともなく、子どもたちにとって状況は以前よりはよくなっていたと言える。しかしミホがまた発作を起こすようになると、伸三とマヤは発作を起こしたミホとそれに対処できない敏雄に失望し、前からもっていた無力感をさらに増大させたと思われる。また以前と違って他の家族を知るようになったことで、二人は自分たちの親の特殊性に気づき、両親に対する怒りも徐々に生じてきたと考えられる。（3）の②で、騒ぎはやがて終わって優しい元の両親に戻るという見通し・希望がもてるということが悪影響を防いだと述べたが、たとえそうであっても騒ぎそのものは変わらずに続くのだという見通し・希望のなさ

――無力感――を二人はもつようになっていったと思われる。

3　その後の、諍いが鎮静化した時期

(1)『死の棘』に書かれた頃の状況からの変化

誰が見ても異様な『死の棘』時代とその後では、状況はどう変わったのだろうか。島尾敏雄はその後有名作家として活躍していることから状況は好転したのだろうと思われやすいし、島尾敏雄に依頼されて『死の棘』の解説を書いた山本健吉は、そこで次のように述べている。[14]「(島尾敏雄が『死の棘』を書いたのは) 夫人の病はすでに過去のことであり、回癒した夫人の魂を、ふたたび騒ぎ立てることのないように、静かに見守り、またいたわり合いながら、敬虔に贖罪の生活を送っていた時である。するとこの、一見暗く、厳しく凄まじい世界は、反対に明るく、回癒と甦りへの感謝と、愛と勝利への讃歌に満ちているのだというべきであろう」。

しかし資料から読み取れる島尾家の様子は、そのように「回癒と甦りへの感謝と、愛と

勝利への讃歌に満ちている」わけではなく、敏雄とミホ、子どもたちが置かれた状況は以下のようなものであったと考えられる。

①敏雄がミホに対して逆反応しなくなり諍いがなくなる一方、ミホの支配が確立する

それまでも敏雄と子どもたちは、ミホが発作を起こさないように最大限の注意をはらって生活していたが、発作が起こると敏雄も興奮して騒ぎはエスカレートしがちだった。しかしやがて敏雄は、ミホは気が狂う程自分を愛していたこと、自分の過ちが妻を発病に導いたこと、そのしこりを完全にときほぐすことが自分の仕事だと考えるようになり、「妻への奉仕」の生活をするようになる。ミホの言うことには何でも従い、彼女が喜ぶように振る舞おうとするため、以前のようなもめごとは起こらなくなる。「たった一つだけ、願い事が叶えられるとしたら、何を願う?」とミホに聞かれると、「お前が暗い顔をしないこと」と敏雄は答え、「お母さんが怒らないようになるのが一番いい」と子どもたちは付け加える。[5] ミホがすべてを支配し、三人はただそれに従うという体制が出来上がっていった。

晩年のミホへのインタビュー[3]で、島尾から傅くように大切にされ、家族に君臨していたことを話す時に表情が華やいだとあり、「両親から一度も叱られることなく育った自分は、

本来とてもわがままで自分勝手な人間で、気に入らないことがあるとすぐに怒る人なんです。教会のミサの帰りに『少し速く歩いて下さい。お母さまがお腹がすくと怒りだしますから』と敏雄はまだ小さかった二人によく言っていました」と得意げに話している。

② ミホの支配が夫だけでなく、子どもたちにも向けられる

敏雄は自身の浮気ゆえにミホに問い詰められ支配されてきたが、敏雄が悔い改めて、ミホに奉仕すること、喜ばせることに専念するようになると、支配の矛先は敏雄だけではなく、家族全体に向けられるようになった。ミホの命令に絶対に服従すること、ミホを刺激せず、ミホがいらいらすることはどんなことでも避けるということが島尾家の掟になる。敏雄はミホの荒んだ精神を穏やかにするためにそれが必要と考え、子どもたちにもそれに従うことを要求したが、ミホは自分の気まぐれですべてが決まるということに快を感じ、常にそれを求めるようになって支配はエスカレートしていったと思われる。

ミホがいかに支配的だったたか、自分の都合だけで命令し、服従を強いたかを、伸三は色々書いている。[7][9][注8] やりたいことをやろうとすると（例えば切手収集に夢中になる）嫌がった。

[注8] 子どもの認知は時に主観性が強かったり一面的な場合もあるが、伸三はそう感じていたということであるし、ミホの支配の様子や強さがわかる。

そればかりでなく子どもが外で遊ぶことを嫌がり、通学以外は自由に外出させず、帰宅するなり家事を手伝わされ（母が待ち構えているため、友達の誰よりも早く帰宅していた）、朝は皿を洗い終わってからと言われて遅刻した。両親が出かけた夜は天国で、二人は母からあれしろこれを手伝えという命令のない、落ち着いた気分を楽しんだ。特に伸三は、すべてに度を越して夢中になる母の仕事や趣味につき合わされた。ミホが伸三を瀕死から救ったことがあったが、その後病院通いは彼女の趣味になり、二人はしばしば母の希望で病気にさせられ、病院で注射を打たれるようになった（「気分が悪くなって訴えても聞いてくれず、このように死んでいくのも運命なのだと思っていた」と伸三は書いている）。『死の棘』時代の子どもたちは、両親の諍いを見て心を痛め、何とかとりなすという立場であったが、敏雄の態度の変化と共に、ミホの支配・命令（従わない時には攻撃）は自分たちにも向けられるようになったのである。

③ 父親は、妻に支配されそれに絶対服従する者となり、子どもたちを助け世話をしてくれる者ではなくなる

敏雄のミホへの服従は徹底的なものであった。彼が書く小説は常にミホが清書したが、清書しながら書き直すことを島尾は認めたし、[3] 洗礼は信仰心から受けたのではなく、ミホ

を穏やかにするため（そして島での生活の外交のため）と伸三に語っている[8]。また特攻隊長だった島尾にとって、天皇から授けられる芸術院会員になることは信念に反することであり、また仲間を裏切ることでもあったのだが、葛藤の末ミホが喜ぶという理由でそれを受諾している[3]。

また敏雄の父親が奄美に来た時、ミホは昔のわだかまりから子どもたちに会わせなかったし、父親の死去の知らせも入院中ということで敏雄に伝えなかった。後にそれを知った敏雄は、秘かに涙を流していたと伸三は語っている[3]。事件後ミホは敏雄が一人で出かけることを許さなかったが、その後徐々に解除されたものの、電車賃以外は渡されなかったし、後に認められるようになった出張の時も、敏雄は毎日必ず葉書を出し、それができない時は、翌日速達で出していたという[3]。彼はミホから疑われないようにと、息詰まるような生活を生涯続けたのである。

そしてミホが子どもたちに言う命令が不合理で理不尽であっても、敏雄は何も言わない[注9]。

[注9] 晩年の敏雄とミホについて、伸三の一人娘のマホ（昭和53年生まれ）は次のように書いている[19]。「その場の雰囲気を支配しているのはいつもマンマー（＝ミホ）だ」「好きなように振る舞うマンマーの横で、ジッタン（＝敏雄）は微笑んで見守るだけだった。理不尽なことで怒り散らされても『ミホもういいじゃないか』と呟くだけ。」

彼らの父親は決して母親に意見してくれることはなく、「共同作戦」として掟を守ることを期待するだけであった。[5] 敏雄は子どもを支配するミホを止めることなく、むしろミホの関心が自分でなく、子どもに向くように仕向けたとさえ伸三は書いている。[9] 敏雄にとって子どもたちは密室的状況を和らげる「同囚の仲間」であり、夏休みに子どもたちが帰ってくると「苦戦中の孤塁に援軍が到着した気持」になり、去ると「折角の援軍に引きあげられるような気持」になると彼自身も書いている。[6]

敏雄は『死の棘』時代もミホに責められる心もとない人であったが、それでも発作を起こすミホにどう対処するかを共に考える大人であり、親身に自分たちの世話をしてくれる大人であった。それがひたすらミホに従うだけの人になり、子どもたちはいざという時には助けてくれると期待していた重要な支援者を失った。

④周囲からのサポートがなくなる

『死の棘』時代に大きな問題が生じなかった要因の一つとして、彼らが家族以外の大人たちと接触する機会があり、また周囲の人からのサポートを得ていたことをあげたが、その後の島尾家はまわりの人との接触やサポートを受けることも減ってしまったようである。アヤさまの支援がいつまで続いたのかの記載はないが、ミホの発作が和らぐにつれなくなって、四人だけの生活になっていったと考えられる。第三者の目があれば（以前、ミホの敏雄への態度や敏雄を呼び捨てで呼ぶことを、アヤさまや従弟がたしなめたように）、ミホの命令に家族が絶対的に従うということの不健全さが顕わになり、ある程度弱められたと思われる。しかし四人だけの密室的状況になれば、ミホの支配は維持・強化されてしまう。発作のような明白な問題はないし、両親は高名な人であるため、子どもたちは命令・支配される苦しみを訴え、改善するように動いてくれる人をもつことはできなかった。

(2) そのような状況は二人にどのような影響を与えたのか

前節で述べた子どもたちが置かれていた状況の中核は、ミホからの支配によって自分の意志で行動することができないということであり、そしてその事態を変えてくれる人はいないということである。島尾家ではすべてをミホが決め、他の三人はいつもそれに従うだけであった（伸三は後に「自主性をもてず、全部受け身、ただ命令を待っている奴隷のようになるんです」と書いている[9]）。但し父親は贖罪のためにミホの支配に従うことを自ら選んだのであり、そこには自分の意志があった。それに対し子どもたちはそれに巻き込まれ、強制されただけで、自分の意志ということは一切なかった。

自分の意志をもてないそのようなあり方はド・シャーム[20]の「自己原因性」のない状態と言える。ド・シャームは、我々は自分の意志で行動し、その結果何事かをなし、その成果をもたらした原因は自分であるという経験「自己原因性」を求め、その経験がやる気や自尊心、存在感の源であるとした。[20]しかし島尾家では行為の原因になるのはいつもミホで、子どもたちは「自己原因性」を経験することはできない。彼らはミホの言うままに動かされるだけで、自分の意志で行動することは許されない。自分は外界に対して何もできないということを繰り返し経験する中で、外界を変えようという気持ちやその希望をもてない「無力感」が学習されることが示されている[21]が、彼らもそのような状況にずっと置かれていたのである。

前節の②で述べたように、ミホは自分の都合で様々なことを命令し、服従を強いた。子どもたちはそれをつらく思いながらも、「ミホのすることは無条件でいいことだ、彼女のすることに間違いはない」ということを家の掟とし、「母の命令に背くことは、行いだけでなく考えてもいけないことになっていた」ため、従わざるをえなかった。[5]一般的に子どもの多くは親が不当に服従を強いると感じることがあると考えられるが、彼らの場合はその程度が高かったし、従うことへの圧力も強かったと言える。彼らはいつも自分の感情、欲求を抑え、ミホに従わなければならなかった。特に小学校中学年までミホからの支配の中心になった伸三は、家ではストレスが多くつらい思いをしていた[9]。

彼は小学二年生くらいからしゃべるのが嫌になり、口が開かなくなることもあって（彼はしゃべらなくてすむ刑務所や修道院に憧れたと書いている）、自分は「壊れた」とある。さらに高学年になるにつれ落ち着きを失い、不安定な精神状態になり、小五の頃からわけもなく破壊的な行動を起こすようになって、教室の後のガラスケースのガラスをバットで割ったりした[9]。大人に都合のいい人物にはならないと誓って、勉強することをやめたとも書いている[10]。

年齢と共に母親の専制に対処しない父親への不満が顕在化している。例えばいつまでも畑仕事をしているミホにやめるように言ってもやめない時に、手伝わされている伸三に「早く終わらせなさい」と敏雄が言ったのに対して、「この女はお前の連れ合いだろう。自分で何とかしてくれ」と書き[9]、また「マヤと私がどんなに母親に虐められても、父は遂に助けてくれはしませんでした。私たちがあれほど彼の味方になり、身体を張って母を大切にしているのに」と怒りの言葉を書いている[7]。ミホにおとなしく従っていた伸三は、小学校高学年くらいから母親と距離をおくようになる。小五の時、新聞社から頼まれて母親について作文を書いた時、「母親」と書くことが嫌で、「お父さんの妻」と書くという反撃に出て、ミホを怒らせている[10]。彼は従順な息子であることをやめ、やがて熊本の学校に入学し、寮に入ることで、家から飛び出す。

マヤは自分の意志がはっきりしていて、まわりの影響を受けずにそれを表明する強さをもっていた。小さいながらに一人でどんどん積極的に外界にかかわり、自主性や自律性も強い。伸三も「元気で頭もよく、何でも自分でやる子」と書き[10]、敏雄も「きかん気で一人でどこにも出かけ、けんかに負けた兄の仕返しをしようとした」「精神的に強くたくましく、何があっても、一人になっても、マヤだけは生き残るだろう」と書いている[6]。島に来てからも、マヤは伸三よりも島の生活に馴染んでいて、元気で体力もあり、いじめられている伸三を助けたり虫を追い払ってくれたりしていた[注10]。そして伸三がミホの手伝いをさせられていた時、マヤは遊びに行っていていなかったと伸三は書いており[9]、伸三に比べるとミホから受けた弊害が少なかったようである。

しかし自主性が高く何でも自分でやるマヤは、明確な自己原因性を経験していたため、ミホの支配でそれを否定されることの打撃が大きかったと思われる。それが原因かどうかはわからないが、彼女は小学三年生の頃から次第に発音がもつれて聞き取りにくくなり、ついに言葉を発することができなくなってしまう。そして言葉が出なくなるにつれて、身体の動きもぎこちなくなっていったという。両親はいくつもの医療機関を回ったが、原因はわからず、その障害を治すことはできなかった。

伸三が心理的・物理的にミホの支配から逃げ出すと、マヤはミホの支配を一身に受けることになり、マヤの置かれた状況は悪化する。伸三が逃げ出すことでミホが支配する密室はさらに息苦しくなり、サポートを得るどころか、つらい状況を共に生きる仲間も失い、マヤはさらに困難な状況を生きねばならなくなったと言える。

ミホは「古代の神話的な女たちに通う純真さ」をもち、[14]「聖なる存在」ととらえられ、[22]『死の棘』は島尾夫妻の「狂う程に夫を愛した妻と、その妻への贖罪に生き妻を愛した至上の愛の物語」というとらえ方がなされることが多い。しかし二人の関係は双方に思いやる「愛」ではなく「支配－服従」の関係であり、それが家族全体に及びエスカレートしてしまったことが、子どもたちを苦しめたのだと思われる。

(3) 青年期・成人期の二人

その後の伸三とマヤについての情報は少ないが、概略は以下の通りである。

【注10】昭和32年（マヤは小二だった）から敏雄は県職員として図書館に勤めていたが、その頃に敏雄が撮った写真が文芸誌[23]に掲載されている。生き生きとした健康的で明るい女の子と、少し年長の痩せた女の子が映っている。小学校低学年と高学年のマヤだと思われる。

仲三は自分のその後について、中学生から現在に至るまで何らかの神経症に侵されていて、壁を夢中で蹴り続けたりしたこともあり、狂気の中にあったと言ってもいいと書いている。[9][11] 高校の同級生が仲三の様子が心配で見に来たとあり、高校時代も不安定だったのだろう（一年次は落第している）。写真の道に進み、実家には寄り付かず、身分は不安定なまま東南アジアに写真を撮りに行ったりし、「精神的には壊れていた」が気ままに過ごしていたようである。妻になる女性と出会ったことが彼を救い、内面はまだボロボロだったが、自分を取り戻すきっかけを得たという。[10] しかし彼の著作は、両親への恨みを含んだアンビバレントな気持ちと、痛々しい姿で亡くなってしまったマヤへの罪悪感のためなのか、他者への攻撃性を誇示するような否定的で偽悪的な記述が見られ、まだ内面的に問題を抱えているように思われる。子どもが生まれても未熟な態度をとり続け、娘にゲームで負けると悔しくてゲーム機を壊したり、子どものためのお金を使ってしまったりする。子どもに対して「信用でき、頼りにできる大人」ではない自分を隠さず、露悪的に語ったりしている。[10]

マヤはカトリックのミッションスクールに通い、敏雄が鹿児島の短大の図書館長の時、その図書館の司書になったことがあるようだが、その後一家は茅ヶ崎に転居しているためわずかな期間だけで、それ以外は家で過ごしていたと思われる。その頃の様子を示す資料は少ないが、マヤは「何かを手に持っていても『マヤ』と母親に声をかけられると、なんでもぽいっと手放す」「命令に忠実に従うロボット化していた」と伸三は書いている。[10]敏雄が亡くなった時のことが『小高へ』で詳しく書かれているが、[11]伸三とマヤがミホの言うままに手伝わされている異様な様子が伝わってくる。ミホの命ずるまま敏雄の爪を切ったり、髪の毛を切って和紙に包んだりするマヤは、ずっと震えていたとある（ドライアイスのせいもあるのだろうが）。ミホの命令で骨壺から敏雄の骨を出して、二つの骨壺に分ける場面で、伸三が挑戦的に敏雄の骨をかじると、マヤも迷わずに泣きながら食べ、ギクッとした表情でミホも小さい骨を食べたと伸三は書いている（三人の気持ちがどういうものだったのか不明だが、他者の意図に従うマヤの様子がわかる）。

父の死後、病気がちになったマヤは、島を離れて伸三の家の近くに住んで、歯の治療等を受け、また自立して生きていくための訓練を受け、ワープロを教えるスキルを身に着ける。そして鼻歌を歌うようにもなり、自分に自信が出てきたという。しかしミホから島に帰ってくるようにと言われると帰ることにしてしまう。マヤは自分の意志でその選択をしたのだが、伸三はミホと二人きりで暮らす中でマヤは生きる望みを失って死んだと考え、「自分の意志で、自分なりに納得のいく生き方をする能力があるのに、死なせてしまった」と悔いている。[10]敏雄の死後、ミホはマヤと二人きりの世界を作り、思うままに動かす存在としてマヤを必要としたようである。ミホは「マヤはとても強い。彼女の顔には決して怒りや痛みが見られない」と述べているが、[12]彼女はすべてを受け入れて母親に従っていたのだろう。

伸三はマヤのことを「生きているだけで周囲を清楚な気持ちにさせる人」と書いている し、[10]伸三の娘のマホはマヤのことが大好きで、一人でお泊まりに行くのはいやだと言っていたのに「マヤがいるのなら」と泊まりに来たとある。[24]島尾家と親しくマヤともかかわりをもった埴生雄高も、中学生のマヤのことを「美しい魂の所有者」と述べており、[3]つらい人生を生きてきたにもかかわらず精神的な強さと美しさをもっていた人のようである。

4 伸三とマヤが受けた影響の違い

二人の育ってきた状況と、それが二人にどのような影響を及ぼしたのかについて検討してきた。それぞれ心身に傷を受けたが、状況に対する対処の仕方は兄妹で違いがあり、それが両親からの影響の受け方やその後の人生にも影響していると思われる。本節では伸三とマヤにそもそもどのような違いがあったのか、それが彼らの生き方にどのように関与したのかについて検討を行う。

(1) 事件が起こった時の年齢

伸三は6歳、小学校入学の半年前で、理解力も対処する力もかなりあり、敏雄とミホの諍いの意味もある程度わかるし、それを止めようとして手を貸すこともできた。ミホは伸三に助けを求めることもあり、寝ている伸三を起こして「お父さんが逃げるよ」と言ったり、自殺しようとする敏雄を二人で止めたりしている。ミホの第一の協力者であり、その後もミホは伸三に手伝いをよくさせることになる。伸三は敏雄の気持ちもよく理解し、慰めたりもしており、事態が少しでもよくなるように必死で頑張っていて、『死の棘』時代の島尾家の諍いの第一の調停者とも言える。

一方のマヤはまだ4歳だったが、彼女もそれなりに状況を理解し、わがままを言ったりむずかったりすることはない。兄程はわかっておらず、まわりの人の言ったことを言っているだけとも言えるが、核心は理解しているようである。但し彼女の参加の仕方は、基本的には「見ていること」であり、その他は泣くこと、兄の真似をすること、時に的確な一言を言ったりするが(ミホが言っていることが多い)、両親のために何かするという意識はまだ少なかった（但しミホが出かけようとすると、「お母さんが出ていくよ、いいの」と敏雄に知らせたことが何度か書かれている[1]）。

（2） 性格

伸三はまわりを見てそれに合わせる志向が強い子どもである。自分の主張を強く押し出すことなく、まわりの様子をよく見てから行動する、気の弱い引っ込み思案な性格である。それに対しマヤは自分の意志がはっきりしていて、まわりの影響を受けずにそれを表明する強さをもつ。小さいながらに一人でどんどん積極的に外界にかかわり、自主性や自律性も強い。ミホから「お母さんと一緒に行く?」と聞かれ、伸三は「一緒に行って、お母さんが死ぬといえば、自分も死ぬ」と言うのに対し、マヤは「死ぬのいやだ」と言っている[1]。またミホの作った料理がおいしくない時、伸三はおとなしく食べ、マヤは「食べたくない」と言って食べなかった（因みに敏雄は「おいしいよ」と言って食べた）というエピソードも書かれている[9]。そのような二人のあり方が、その後伸三が特にミホの支配の対象になることをもたらし、また次の苦境への対処の仕方にも関与したと思われる。

（3）苦境への対処――母親からの支配への対処

上述のように、伸三は『死の棘』時代は両親のために色々気を遣い、奄美大島へ行ってからはミホからの強い支配を受け、大きなストレス下にあったが、成長と共にそこから逃れる方略を見つけるようになっていく。ミホの支配に表面的には従っているように振る舞うが、実は従わないという方略である。六年生の時に出会った修道士が、彼のことを「二重人格だ」と評したのはそのようなことを言っていたのだと思われる。しかし伸三にとって他に方法はなく、自分が壊れないため、また島尾家一家を壊さないためにやっと見つけた方略だったのだろう。そしてより自立的になると、伸三はミホの元から逃げ出し、自分を守るためにできるだけかかわりをもたないという対処法をとる。かかわりをもつ際には、大人になっても上述の方略をとっている（「母の言いつけはよく聞きますよ。聞いているふりをしている」）。[7] [9]

一方のマヤは自分の意志で何でもやってきて、ミホの支配も伸三程大きくなかった。自主性や自律性が強いマヤにとって、ミホに支配されることの苦痛は大きかったが、三人で受ける支配だったため、伸三のように方略を考えることなく（ずるく立ち回ることなく）、そのまま支配を受けていたように思われる。しかし伸三が心理的・物理的にミホから離れていくと、ミホの支配はマヤに集中するようになり、対処法をもたないマヤの苦しみは増大したと考えられる。小三から始まった言語障害は、小六くらいから話せないというように悪化し、足も悪くなっていくが、ミホの支配をまともに受けて「自己原因性」を否定されていた彼女は、自分の言いたいことを言い、自由に動き回るということを諦めたのではないか。

(4) ストレスに対する反応

子ども時代の伸三は、家ではつらい状況にひたすら耐えていた（時に耐えられなくなって敏雄を心配させるような行動をすることもあったが）が、家の外ではけんかをしたり、攻撃的な行動をとったりしていた。いじめへの対処でもあったのだろうが（「いじめられた時、反撃できないとどんどんいじめられる」と書いている）[9]、奄美大島では「自分を攻撃したものに対しては、恐怖心を植えつけるくらい強烈なことを陰でやる」[9]と攻撃性を強めている。かなり悪いこともやったようであり[7][8]、内的に問題があると、それを外に出すタイプと思われる。その傾向は現在も続いており、寛容で彼をよく理解し受け入れてくれる妻に支えられて回復してきてはいるが、まだ問題を抱えているようで、彼の著作は攻撃性に満ちている。

マヤはいやなことがある時はいやであるとしっかり表明して、子どもなりに現実的な対処ができるし、不利なことがあってもくじけずに巧みに対処できる（父親の悪口を言われた時に、その友達を家に連れてきて「ほらね、うちのお父さんは気狂いなんだよ」と得意そうに言ったというように）。しかし対処のしようのない大きな問題に直面した時、マヤはその苦しみを外に発散せず、問題を自分の内部に向け、それが身体的症状になってしまったのだろう。その後彼女は苦難の道を歩むが、そのストレスを外に出すことはなかった（cf. 36ページのミホの言葉）。話すこともできず、孤立無援で、ひたすら専制的な母親に尽くすという人生だったが、精神的に破綻することなく、「美しい魂の所有者」として生きた。

（5）父親の生き方への思いと自分の生き方

敏雄は、自分の過ちがミホを狂わせてしまったことを悔い、ミホのために生きることを決意した。そして一生その道をまっすぐに歩む求道的な人生を貫いた（吉本隆明[22]は「（島尾敏雄は）平和の中の主戦場で逃げない戦いをしている」と昭和54年の対談で語っている）。敏雄にとって、ミホとのことは神から与えられた試練であり、ヨブ記のヨブのように試練に耐えていく人生を全うした。

伸三は「父はヨブのように振る舞うことはできても、自分たちはその精神的浄化を受け取ることはできない[10]」と、敏雄が自分の救いを追求するだけで子どもたちのことを考えていないことを非難し、両親に壊された自分はこのように決して望ましいとは言えない生を生きるしかないのだということを書き続けている。また母親に対する対処として、表面的には従っているように振る舞うが、実は従わないという方略を使うようになり、「(母の言いつけを聞いているふりをしているのは)それはあの人の存在を認めるから。それを全否定はしません。間違っていたと説教する気もない。それは彼女を殺すことと同じだから。そういう配慮はある[9]」と述べているが、それは贖罪に生きたとする敏雄の生き方の一側面でもある。

一方のマヤは、敏雄が目指したまっすぐな求道的な人生を送ったように思われる。彼女は専制的なミホの命令の下で生きることを強要されたが、最終的にはその人生を自ら選んだ(ミホから島に帰ってくるように言われた時、拒否して東京に留まることは可能だった)。彼女は敏雄と同じように、ミホのために自分を捧げる人生を選択した。但し彼女の場合は、敏雄のように自分のなしたことへの贖罪のためというような理由はないのだが、敏雄の生き方に共鳴するところがあったのか、あるいはカトリックの洗礼を受け、ミッションスクールに通っていたマヤは、その学園の創立者が残した学園標語「マリア様、いやなことは私がよろこんで」の言葉（学園のＨＰ）[25]通りに、敢えて困難な課題を自分に課したのだろうか。死の直前、マヤはミホのことがわかって笑顔を向けたとあるが、「自分」をもつことができない一生であったけれども、「私は自分の意志でこの人に自分の生涯を捧げたのだ」という自分がなしたたった一つのことを確認し、微笑んだのかもしれない。

マヤは敏雄の精神を継ぎ、彼のように生きたと言える。但し敏雄は、その自らのあり方を文章に書くという対処方法をもっていた（書くためにそのような人生を生きたのではないかという説もあると論じられている）[3]が、マヤにはそのようなものはなかった。そして、敏雄には親身になってくれる親戚や文学仲間、何よりもいつも一緒にミホに対峙してくれる子どもたちがいたのに対し、マヤには敏雄と伸三しかおらず、晩年はたった一人、孤立無援で専制的なミホと向き合っていたという点で、その苦しみはより大きかったと思われる。敏雄はそのことに気づくことなく、マヤに自分の生き方を伝えてしまったのだと言える。

そして加害者であるミホはそのことを全く自覚していないようであり、『ドルチェ』[12]の最後の場面は次のようなミホの独白で終わっている。「私に何か罪があるのでしょうか？　神様！　私はどんな悪いことをしたのでしょう？　思い、言葉と行いにあやまちがあるのでしょうか？　どうしてあなたはマヤにあのような試練をお与えになったのですか？」
「私は強く子どもたちを愛した。私の愛は・・・境界もなく激しく強い。」

5　おわりに

島尾敏雄が書いた私小説『死の棘』を中心に、その他の資料も用いて、両親の諍いや二人の関係性のあり方が子どもたちにどのような影響を与えたのか、その影響の仕方にどのような要因が関与していたのかに関する検討を行った。

当時6歳と4歳だった伸三とマヤは、両親の常軌を逸した激しい諍いに曝されて、動揺は大きく、険悪な両親の様子を見て怯えて泣いたり途方にくれたりし、親が死んだりいなくなるのではないかという不安もあり、安定感を脅かされた。しかもそれが延々と続くという苛酷な状況に置かれて、うつ気分や不眠を訴えたりしていたが、予想に反して退行や不適切な行動をすることはほとんどなく、大きな問題行動は見られなかった。そして時に親にまともな行動をするように要請したり、さらに親を気遣い、慰めたり励ましたりもしていた。悪影響がそれほど大きくなかった理由として、（1）それまで十分に愛され、安定した状況で健全な発達をしていた。(2)両親は異様な行動をするが、子どもたちに攻撃性を向けることはないし、親身な世話もしてくれ、騒ぎが収まれば優しい元の母親、父親に戻るという見通しや希望がもてた。(3)家族が孤立しておらず、様々な人とのかかわりがあるという要因をあげ、激しい諍いが頻繁に長期間にわたって続いたが、悪影響を防ぐ要因があることで、防御がある程度可能であることが示された。そして移住した奄美大島では、周囲から道具的にも情緒的にも大きなサポートを得ることで、しばらく落ち着いていたが、収まっていた騒ぎがぶり返す中で、彼らは前からもっていた無力感をさらに増大させ、前述の悪影響を防いだ要因である(2)があっても、騒ぎそのものは変わらずに続くのだという見通しと絶望をもつようになった可能性を指摘した。

以上のような苛酷な日々を過ごした後、島尾一家は奄美大島で一見「穏やか」だとされる日々を過ごしたが、その日々の両親のあり方、関係性がどのようなもので、それが子どもたちにどう影響したのかについて、さらに検討を行った。『死の棘』時代はある程度の混乱や不安はあったものの大きな問題は生じなかったことを論じたが、成長した彼らはそれぞれ深刻な問題を抱えていた。幼少期の問題がその時は大きな問題にならなくても、思春期等になって問題化することはよくあり、彼らの場合もそれがあるかもしれない。しかしその問題をもたらした中核的な要因は、『死の棘』時代の尋常ではなかった両親のあり方よりも、その後落ち着いて「愛を取り戻した」と評される平穏な日々の両親の関係性であり、二人の支配－絶対服従という関係が共に生活する家族に自己原因性をもてない生き方を強いたことであることが論じられた。

『死の棘』は「純粋希有な夫婦愛を描いた作品」[3]とされているが、二人の関係は双方に思いやる「愛」ではなく「支配－服従」の関係であり、それが家族全体に及びエスカレートしてしまったこと、そしてそのことを両親は自覚しておらず、まわりにも気づかれずに持続してしまったことが子どもたちを苦しめたということを論じた。

2章　ジャクリーヌ・デュ・プレの生涯と才能教育

生き生きと感情豊かに演奏するジャクリーヌ・デュ・プレ（提供：ワーナーミュージック・ジャパン）

1　はじめに

ジャクリーヌ・デュ・プレは、１９４５年生まれの才能に溢れたイギリスの女流チェリスト。情感豊かな演奏をして、夫であるピアニスト・指揮者のダニエル・バレンボイムと共に大活躍していた最中に、多発性硬化症に罹患し、28歳の若さでチェロを弾けなくなるという悲運に見舞われる。その後病状は悪化し、日常生活も不可能になっていき、１９８7年42歳で死去する。その生涯については、ジャーナリストのC・イーストンによるもの[1]と、彼女の姉弟による著作[2]が公刊されている。

ジャクリーヌ[注1]は幼少期からピアノ教師の母親の教えを受け、才能を伸ばしていった。母親は彼女の才能を花開かせるために全力を尽くし、最大限の援助をした。ジャクリーヌは母親が大好きで、音楽においても生活においても頼り切っていたが、成長と共に反発するようになり、その後母親を攻撃し、つらくあたるようになっていく。

彼女は三人姉弟の真ん中で、三歳上の姉ヒラリーとは母親から音楽の手ほどきを共に受け、一番の仲良しでよき相談相手であった。演奏家になった後もつらくなると連絡し、演奏活動を休んでいた時も姉宅に滞在するというように、最も頼りにしていた。弟のピアスとも仲がよかった。ジャクリーヌの死後、ヒラリーとピアスは共著でジャクリーヌについての著書『風のジャクリーヌ──ある真実の物語』[2][注2]を公刊する。ジャクリーヌについて書きたいというジャーナリストが来て手紙等を見せてほしいと言われた時、二人はそれを断り、自分たちで家族の目から見たジャクリーヌを描いたのである。幸せだった幼年期、一心にチェロを弾き、徐々に注目を集め、華々しい活躍をするようになる。しかし彼女は若くして病に斃れて演奏不能になっていく。その時々のジャクリーヌの姿やその内面が描かれ、またヒラリーとピアスの思いも伝わってきて、胸うたれる。一方家族に天才がいることの大変さや、家族以外にはわからないようなジャクリーヌの赤裸々な姿、彼女が生きていたら公開を嫌がっただろうと思われるようなことも書かれている。特にジャクリーヌ

［注1］ 二つの著書ではジャクリーヌの愛称である「ジャッキー」が使われているが、本章ではすべて「ジャクリーヌ」と表記する。

［注2］ ヒラリーとピアスによる著作は、身近で見ていたといってもそれぞれの立場から書かれた主観的な「物語」であり、必ずしも「事実」が書かれているとは限らないが、才能がいかに育くまれ、同時にどのような問題が起こっていたのかについての「ある真実」が書かれていると考える。

が演奏に困難を感じるようになって精神的に不安定になった時、それを癒すために、ヒラリーの夫キーファと肉体関係をもつことを要求し、ヒラリーは悩み迷いつつそれを受け入れたというヒラリーの語りは衝撃的である（このことはもちろんイーストンの著書には書かれていない。なおヒラリーとピアスの著書に基づく映画『本当のジャクリーヌ・デュ・プレ』[3]（原題は"Hilary & Jackie"）は、元夫のバレンボイムや友人たちの抗議により、フランスでは上映されることはなかった）。

なぜジャクリーヌはそのような行動をし、ヒラリーはそれを受け入れたのだろうか。その背後にはジャクリーヌの栄光と苦悩に満ちた生涯の問題が関与していると思われるが、同時に才能ある子どもの育ち方・育て方の問題もあると考えられる。本稿では、デュ・プレ家について内部から語られた記録を中心に、１００名の関係者へのインタビューに基づいたジャーナリストによる著作も参照して、ジャクリーヌの生涯と家族とのかかわり、そして彼女が経験した苦しみと家族の苦悩について検討しながら、上記の問題について考えてみようと思う。その際、現在活躍中の日本の一流の演奏家でその育ちについて著書のある者――ヴァイオリニストの五嶋みどり、千住真理子、ピアニストのフジコ・ヘミング――の場合との比較を時に含めながら検討を行う（なお四人の演奏家の家族および才能教育のあり方やその後の活躍の概要を54～55ページに示した）。そしてジャクリーヌとヒラリーがなぜそのようにせざるをえなかったのかについて検討する中で、子どもの才能・個性を育てる上で考えなければならない問題について考察したいと思う。

2　ジャクリーヌの育ちと才能の開花

様々な才能の発揮が遺伝によるのか、それとも環境や育ち方によるのかは、よく問題にされることだが、基本的には両者が関与しており、例えばバッハの家系に音楽家が多いのは、遺伝にもよるが、同時に優れた音楽家が育つような環境の中で育ったことにもよっていることが指摘されている。ジャクリーヌの場合も、母親はピアノを学んで音楽学校を優秀な成績で卒業し、大学でピアノを教えたり子どもたちの指導をしており、音楽の才能をもつ人であった。そして母親は、音楽がいつもまわりにある環境を子どもたちに提供し、ヒラリーとジャクリーヌは楽しみながら音楽を学んでいった。ヒラリーは書いている。「母はいつも音楽で遊んでくれた。音楽は最高のゲームだった。母のピアノに合わせ、ジャクリーヌと二人で部屋中をスキップしたりダンスしたり、曲のフレーズに合わせてポーズをとったりした」。ヒラリーは4歳から母にピアノを習い始めるが、「一曲をマスターするごとに、親戚や近所の人に演奏を聴かせた。私は誰かにピアノを弾いてあげるのが大好きだった」「私はピアノを愛し、それは完全に生活の一部になった。ピアノを弾いている時は母と私の二人だけの時間だった。母はいつも私のピアノに満足し、私が弾き出すとすぐにそばに来て聴いてくれた」。母親がヒラリーのピアノにどう向き合っていたかがよくわかる。ジャクリーヌの場合も同様だったのだろう。

そしてジャクリーヌはラジオで聴いたチェロの音が気に入り、5歳の誕生日にチェロ＝「ばかでかい動物」を買ってもらう。ジャクリーヌはすぐにチェロに夢中になり、チェロは彼女の一番のおもちゃになった。母は自分で作曲して教本を作って与え（イラストやお話も添えて）、ジャクリーヌは大喜びで熱心に練習した。ハイキングに行った時にチェロがなくて淋しいと泣くほど、チェロが好きだった。彼女たちは「この上なく幸福な子ども時代を過ごした」のである。やがてジャクリーヌは様々なフェスティバルで入賞し注目されるようになり、10歳の時から母親の友人で音楽学校の教授の個人レッスンにつき、若いチェリストの援助基金も受けて、さらに上達していく。

母親の音楽教育は非常に優れていて、母親の誘導と指導によってジャクリーヌはどんどん上達していき、その実力が認められるとよき指導者の教えを受けて、さらに活躍の場を広げていった。才能を開花させるためには、（1）本人がその才能をもっていて、（2）それに気づく人がいて、（3）本人が興味をもってやりたがり、（4）才能を伸ばす機会を与えられるということが必要と考えられる。親が音楽家である場合、それらの条件が満たされる場合が多く——（1）子どもは才能をもっているし、（2）子どもに期待をもつ親はその才能に気づきやすく、（3）音楽が溢れている環境で本人も興味を示しやすく、（4）練習を課すことも容易である——、子どもが音楽の道を歩むことも多いと思われる。但し楽器演奏の場合、幼少期から集中的に単調な反復練習をすることが必要なため、本人が自主的にやりたいという気持ちを持続させることはむずかしい。例えば五嶋みどり、五嶋龍、フジコ・ヘミングの場合も、始めるきっかけは本人の「やりたい」という意志であるが、その後の厳しい練習を続ける中で、やめることはないが「楽しいこと」ではなくなっている。[注3] 彼らが厳しい練習をやめずに続けたのは、フジコの場合は母親からの強制と「それしかないのだ」という脅し、五嶋姉弟の場合は大好きな母親を喜ばせたいという気持ちであった。それに対してジャクリーヌの場合はチェロを弾きたいという気持ち、チェロによって自分を表現したいというチェロに対する内発的な気持ちを幼少期からもち、それを

［注3］五嶋みどりの母は「好きなことを続けているうちに、嫌いになったりやめたいと思う時が必ず来るが、むずかしいと思うことをやらないと子どもの心は育たない」としている[3]。

千住真理子	フジコ・ヘミング
1962年	1932年
理系研究者	建築家・画家 (スウェーデン人)
専業主婦* (ピアノ)**	音大出身　ドイツに留学 ピアノ教師
長兄　(ヴァイオリン)日本画家 次兄　(ヴァイオリン)作曲家	弟　俳優
兄のレッスンについていって始める(2歳半)　鷲見三郎他に師事	幼少期から母親による音楽教育
11歳　共演をきっかけに江藤俊哉に師事	11歳　クロイツァーに師事 東京芸術大学入学 卒後ベルリンに留学
12歳　N響と共演	リサイタルの日に高熱をだす 以後演奏の機会なく、ピアノ教師で生計をたてる
コンサート、リサイタル、テレビ・ラジオ出演等	帰国後ドキュメンタリー番組に取り上げられた(1991年)のを機に有名になる。演奏活動

＊母方の祖父も理系研究者で、ヨーロッパ留学時の船旅でアインシュタインの弾くヴァイオリンを聴いて、一家はヴァイオリンに憧れをもち、それが子どもたちに習わせるきっかけになったとある。

＊＊カッコつきの楽器は「プロになるような熱心なかかわりではないが、習っていた」の意。

4人の演奏家の家族、才能教育とその後の活躍の概略

	ジャクリーヌ・デュ・プレ	五嶋みどり
生年	1945年	1971年
父親	編集長・事務局長等	理系研究者→離婚 再婚―ヴァイオリニストを目指すが、結婚後ビジネスの世界へ
母親	音大出身　ピアノ教師	音大出身　ヴァイオリン専攻
兄弟姉妹	姉　ピアノ→フルートで音大へ 　　農園経営 弟　(クラリネット) 　　パイロット→会社経営(?)	弟　五嶋龍(17歳下)ヴァイオリニスト
才能教育	幼少期から母親による音楽教育 5歳からチェロ	幼少期から母親による音楽教育
その後の指導者	10歳　フリース(音大教授) その後トゥルトゥリエ、ロストロポーヴィチ等にも師事	10歳　ニューヨークへ ジュリアード音楽院　ディレイ教授に師事
デビュー	16歳　高い評価―名声を得る 国際的に活躍	11歳　アメリカでデビュー 14歳　タングルウッドの奇跡で有名になる
その後	28歳　多発性硬化症の診断 1987年　42歳で逝去	国際的な演奏活動 カリフォルニア大の音楽学校の主任教授

持ち続けている（但し彼女は長じてからも練習は嫌いだと言っているが）。ジャクリーヌが外からの力なしで目覚ましい上達をしたのは、彼女の才能・適性とそれを見抜き適切に伸ばした母親の対し方の賜物――特に初期の音楽への導入は秀逸である――と思われる（なお親が音楽家ではなく、プロを目指しているわけではなかった千住真理子の場合は、練習量も多くないためもあり、楽しく自主的にやっていたようである）。

3　ジャクリーヌの育ちの問題

2節で述べたように、母親の育て方はジャクリーヌの上達を促す上で適切なものであった。一方で、様々な問題も引き起こしている。

（1）普通の生活ではなく、音楽に中心化した偏った生活

ジャクリーヌの上達ぶりは目覚ましかったため、母親はさらに上達させようと夢中になった。一流の音楽家になるという自分には叶わなかったことが可能かもしれないと母親

は思い、ジャクリーヌの才能を伸ばすことに全力をかけるようになる。音楽のために必要であれば、時には他のことが犠牲になっても仕方がないと母親は考えた。小学校に通うようになっても、家では練習ばかりで、友人と遊ぶことはなく、遊び相手はヒラリーとピアスだけであった。色々な子とやりとりする中で発達する社会性を養う機会は少なかったし、他の子と異なった生活をし、やっていることも関心のあることも違うため、ジャクリーヌは学校に馴染めず孤立していたようである。そしてチェロが彼女の孤独を慰めてくれるため、チェロへの没頭はさらに強まった。「チェロと二人っきりになって、心の奥にしまってあることを話しかけるのが好きでした。チェロには何でも打ち明けられました。(学校でうまくいかず、友達のいなかった)子ども時代の私にとって救いでした」とジャクリーヌは言っている。

母親は学校も軽視してしまい、音楽のためにしばしば早退させ、担任は「このクラスには自分は特別と思っている子がいます。でもそれは間違っています」と皆に言ったとある。教師とよい関係を結べていなかったようだが、[注4]近所とも練習のことでもめたことが書かれ

[注4] 但し、はじめの学校から転校してからは、学校側もジャクリーヌのチェロに理解を示し、特別なカリキュラムを組んでくれたりしている。

ている（二人は朝7時から練習を始めていたが、壁をたたく抗議を受け、話し合いで7時半からにしたが、一分でも早いと壁をたたかれた）。母親は子どもの才能を伸ばすことに夢中で、まわりから見て非常識なところがあったのかもしれない。

自宅での生活や親の価値観等が他の子と違うこと、教師からもよく思われていないことも関与していたのか、デュ・プレ家の子どもたちは三人とも学校生活に適応できず、学校が嫌いだった。IQが高い子は、120〜150の場合は適応がよいが、150以上になるとクラスで浮いてしまい、適応がよくない傾向があるとされているが[4]、音楽的に非凡な才能をもつジャクリーヌだけでなく、三人とも行きたがらなかった。但し家でチェロの練習をしていたいというジャクリーヌだけが休むことを認められ、ヒラリーとピアスは行かされたとある。ジャクリーヌは学校でいじめられたりからかわれたりし[注5]、またチェロの練習が忙しくなったこともあり、11歳の時から必要な授業だけ受けるという形になり、（イーストンの著書によれば、籍は14歳まであったようだが）実質的に学校をやめてしまう。

毎日練習に明け暮れている音楽家の卵たちも、遊ぶ時間がないことや、他の子どもたちと生活や関心が異なっていて、友人と仲良く過ごすことは少ないと思われるが、学校に行くことを嫌がったり、先生に疎まれることはあまりないようである。フジコは青山学院初等部で彼女のピアノを応援してくれる先生に出会っているし、千住真理子は慶応幼稚舎の先生から「ヴァイオリンの真理ちゃん」と認めてもらい、コンクールに出ることにはじめは反対されるが、説明によって理解され、クラスのみんなから応援されている。五嶋龍は小学校に入ると多くの友人と遊び、友人たちが家に遊びに来たりしている。

ジャクリーヌの場合はチェロを弾くだけの生活になってしまっていた（ヒラリーは「ジャクリーヌはチェロ以外自己表現の手段をもっていなかった」と記している）。学校側やチェロの教師は色々な学習を勧めていたが、彼女が他の側面の経験をすることは少なかった。それに対して他の演奏家たちは音楽の練習に励みながら学校でも普通に学び、一般大学を卒業した者もいるし（専攻は五嶋みどり－心理学、五嶋龍－物理学、千住真理子－哲学）、音楽以外の生活もしている。五嶋みどりはアメリカでヴァイオリンの教師から色々な経験をするようにアドバイスされ、そうするように努めていたし、千住真理子の師の江藤俊哉も一般高校・大学への進学を勧めている。五嶋龍は空手の段を持っているし、フジコは絵をよく描き、千住真理子と共に文章を書く才があり著書も多い。母親はジャクリーヌが他のことはやりたがらないこともあって、チェロに集中させたが、ジャクリーヌは後に基礎教育が

[注5] ジャクリーヌの学校の思い出は否定的なものばかりだが、後にインタビューされた友人たちは、「彼女はチェロがうまいが、それを自慢したりすることもない子で、いじめられたりしていなかった」と言っている。但し特に仲のよい友人はいなかったとも言っている。

足りないことを悔やんでいる。

(2) 過保護に育てられ、自立がむずかしい

前項とも関連し、母親は身のまわりのことを本人にやらせず、音楽に集中させた。子どもたちは年齢に応じて身のまわりのことを自分でやるようになっていくが、ジャクリーヌの場合は母親に頼りっぱなしであった。そして音楽的にも生活の上でも頼りになる母親が大好きであった(「あなたの優しさと愛は暖かい日光のようです」というカードや、「すぐ手紙を書いてママ。数行でいいから慰めのことばを」という留学先からの手紙も残されている)。もともとジャクリーヌはあまり器用なタイプではないようだが、母親が何でもやってくれるためもあって、生活能力やスキルが身についてなかった。それにもかかわらず、ジャクリーヌはチェロを学ぶために、17歳の時に一人でパリに行って一人暮らしをし、またロシアにも行っている。生活能力がなく方向音痴なジャクリーヌにとって、一人で外国へ行く不安や負担は大きかったし、送り出す方も不安であったと思われる。彼女は毎日母親に手紙を書いている。そして洗濯物はすべて家に送り、洗ったものを送り返してもらっていた。また演奏旅行の時に演奏以外のことを一人でやるのは大変で、チェロを弾くことではなく、

それに付随することが大きな負担になった。

ヒラリーは「ジャクリーヌは母に完全に頼っていた。小さい時なら理解できるが、二人の関係はジャクリーヌが成長するにつれ、ますます密接になり、お互いに離れられない関係になっていった」と書いている。その一方でジャクリーヌも成長と共に、心配性の母親が鬱陶しくもなってくる。特に恋愛について話すことは一切なかった。過保護が鬱陶しく、親離れしたいのになかなか一人では処理できず依存せざるをえないことに苛立ち、その一方で一人でやっていくことへの不安にとらわれていたと思われる。彼女は21歳の時病気で寝込んだが、その時実家に帰らず、別のところで療養している。ジャクリーヌのはじめての反抗であり、自立への足掻きとも言える。なお母親の方もジャクリーヌが離れていくことに恐れと不安をもっていたと思われる。彼女は、娘の才能を伸ばすことに自分の人生を賭けてきたため、離すまいとする思いも強く、それがジャクリーヌの自立をさらにむずかしくしたと考えられる。なお母親との関係は、その後ダニエル・バレンボイムとの結婚に際してジャクリーヌがユダヤ教に改宗したことをめぐって悪化し、彼女の病気が改宗のせいなのではないかと母親がほのめかしたことで、さらに悪化していく。

母親の過保護の問題は他の音楽家にも見られる。五嶋みどりも練習時間を確保するために、母親が肩代わりしてやってしまうことが多く、食事も食べさせていたとある。但しジャクリーヌが一人でチェロを学びに行ったのに対して、五嶋みどりの場合はニューヨークへ母親と一緒に行っており、緊密な関係の中で過保護ではあったが、共に生活することで生活のスキルを学ぶことができたし、大きな不安感ももたずにすんだ。千住真理子の母親も常に真理子に付き添い雑用を一手に引き受けていたが、真理子は忙しいものの普通の生活もしていたため、生活能力やスキルを身につけていったし、母親の介入が助けになり、良好な関係を保っていた。フジコの場合は、母親はもともと厳しく突き放していたし、遠方での長期にわたる留学のため一人でやっていく他はなく、苦労はしたが自立していった。

(3) 母親の関心が集中してしまい、他の家族への配慮が不十分になる

ジャクリーヌの母親は二人の娘に楽しく音楽を与え二人は熱心に練習するが、ジャクリーヌの上達は著しかった。あるコンクールでヒラリーもジャクリーヌと共に入賞するが、ジャクリーヌの際立った活躍にすべての注目が集まってしまい、ヒラリーは全く気にもとめられなかった。「今まで何でも一緒にやってきたのに、二人はこんなに違ってしまった」。ヒラリーは悲しみと失意、疎外感でいっぱいになる。ヒラリーのピアノと合わせてもジャクリーヌのチェロが目立ってしまうし、いつも「すごい妹はどうしている？」と聞かれ、

ヒラリーは傷つき失意の日々を過ごす。ジャクリーヌの資質と情熱が明らかになってくると、観客だけでなく母親の関心もすっかりジャクリーヌの才能を伸ばすことに集中するようになり、[注6] 母親はジャクリーヌが必要とすることを献身的に満たそうとするようになる。「ジャクリーヌは母に多くを望んだために、他の家族は自分が脅かされるように感じた」とヒラリーは書いている。ピアスも「いつも静かにするように言われ、僕の欲求はたいてい無視された。母はいつも音楽に心を占領されていて、僕がインクをこぼしていくら呼んでも来てくれなかった。僕はインク瓶を逆さまに転がした」と書いている。

母親にとっての価値は音楽に中心化していて、音楽の才能があることが最重要であること、それを満たしているのはジャクリーヌであり、自分ではないことをヒラリーとピアスは手痛く感じていた。そして母親が才能のあるジャクリーヌを中心に動くのを見ているうちに、彼らはそれに従うのが当然と思うようになっていく。[注7]

[注6] イーストンも神童の家族について、神童を育てることで手いっぱいで、他の子はたとえ才能があっても十分に手をかけてもらえないことが多いことを記している。
[注7] 但し母親はヒラリーにも才能があるのに、ジャクリーヌのより目覚ましい才能ゆえにそれを伸ばせないこと、妹が注目をあびてつらい思いをしていることを気遣っていたという友人の証言もイーストンの著書[1]にある。

デュ・プレ家では、ジャクリーヌにＮｏということはありえなかったとして、ヒラリーは以下のようなエピソードを書いている。鬱的で無気力になって昼までジャクリーヌが寝ている時、家族は音をたてないように気を遣い、小声で話していた。それを見たヒラリーの婚約者だったキーファは、呆れて毛布を剥いでジャクリーヌを起こしてしまう。ジャクリーヌが怒りを爆発させるかと家族は怖れるが、思いがけずジャクリーヌは笑い出したというエピソードである。家族がいかにジャクリーヌに気を遣っていたのかがわかる（同時にデュ・プレ家で当たり前の行動をしないキーファが、ヒラリーにもジャクリーヌにも新鮮だったことが窺われる）。

では、他の演奏家の場合はどうであろうか。五嶋みどりの母親は、夫をおいて二人でニューヨークに来てしまう。娘のヴァイオリンの上達のためには夫が反対しようが、何でもしてしまう妻。そして心はさらに離れてしまい離婚に至る。みどりに夢中になることで夫との関係は壊れ夫は傷ついただろうが、当時みどりは一人っ子で兄弟を傷つけるということはなかった。17歳年下の龍もヴァイオリンを弾くようになるが、姉が有名なヴァイオリニストであることでプレッシャーをかけないように母親は気を遣っている。遊びに来た龍の友達はみどりのヴァイオリンがうるさいと言ったりしており、みどりを特別視することは全くないことがわかる。フジコの場合は二歳下の弟がいたが、弟についての記述はほとんどない（但し本人は比較されて傷ついた等あるかもしれないが、厳しく辛辣な母親から逃れられて喜んでいたと考えられる）。千住家はもともと学者の家系で、音楽に中心化しているわけではないし、「好きなことを一生懸命やりぬくこと」に価値があるというスタンスであり、才能のある子に中心化するということは全くなかった。確かに母親は真理子のことで忙しかったが、他の二人も十分に配慮され、三人の子どもはそれぞれの個性や頑張りを認められ、それが伸びるように両親からの支援を受けていた。

4 ジャクリーヌはなぜそのような行動をとらざるをえなかったのか

仲良しの姉ヒラリーに夫のキーファを要求し、性的関係をもったという行動は衝撃的だが、多大なストレスがあれば、精神的に不安定になり、不適応行動をとることは珍しいことではない。特にむずかしい課題に挑戦しまわりからの大きな期待を担って活躍する人が、時にスランプになり自信を失ったりする場合は多いと思われる。

本章で比較をする他の演奏家にも危機的状態は見られる。例えば五嶋みどりは、22歳の頃、母親と話さなくなり、鬱と摂食障害になり入院治療を受けている。幼少期から厳しい練習を重ねてきたが、それが本当に自分の道なのか、母親に言われるままにやってきただけなのではないかという青年期の同一性の危機だと思われるが、四か月間演奏ができなかったという。千住真理子は12歳でデヴューし活躍していたが、「天才少女」と言われ、期待に沿ってうまく弾かなくてはならないというプレッシャーから、弾くことができなくなり、20歳の頃悩んでヴァイオリンをやめる決心をしている。ヴァイオリンに触れないだけでなく、高熱が続いて悪夢にうなされたり、クラシック音楽が聞こえると吐き気がしたりしたという。

彼女たちはその後、それまでとは違った演奏の意義を見つけ、自分に一番合った道として演奏家の道を選び直し、危機的状況から立ち直っているが、一時的に不適応に陥ったと言える。ジャクリーヌのこの時の行動も危機的状況への対処行動であるが、鬱になって落ち込むという反応とは異なり（彼女もチェロを続けるかどうかの迷いから、鬱になって落ち込んだこともあった）、他者を傷つけるような行動である。ジャクリーヌはなぜそのような過激な行動をとってしまったのだろうか。その原因は直接的には現在の状況がうまくいかなくなり、さらに未来に向けてもうまくいかないのではないかという不安感・絶望感であり、背景に3節で述べた育ちの問題があったと考えられる。

（1）順調だった生活がうまくいかなくなってくる

ジャクリーヌはチェリストとして認められ、様々なオーケストラと共演していたが、1967年ダニエル・バレンボイムと出会い、恋に落ちて結婚する。音楽を介して結ばれた二人はとても幸せだったようである。[注8] チェロ協奏曲で共演をしたり、仲良しのユダヤ人の音楽家たちと室内楽をしたり、仕事も結婚生活も順調で充実した日々を送っていた。しかし音楽以外では合わないことも多く（生活リズム、性格、体力等）、徐々にダニエルとの生活が苦痛になっていく。ジャクリーヌは体力がなく睡眠時間も沢山必要なのだが、ダニエルは身体的にタフでエネルギッシュ、睡眠もわずかしかとらない。ジャクリーヌは社交的でなく友人と付き合う経験もほとんどなかったのに対し、ダニエルは社交好きで演奏会が終わると大勢の友人たちを招き盛大なディナーを共にとるのが常であった。都会的で洗練された「社交界の花形」と、素朴で洗練されていない「カントリー・ガール」、ジャクリーヌはダニエルに合わせようと努力もしたがやがて疲れ果て、彼と一緒にいることに苦痛を

［注8］当時を撮影したドキュメンタリー番組がYoutubeでアップされている。

感じるようになっていく。

結婚やユダヤ教への改宗の問題もあり、母親との関係は悪くなっていたが、それでも母親からの援助を求める気持ちが強いジャクリーヌにとって、父親が肝臓がんになり母親の関心が父親に向いたことも、つらかったのではないかとヒラリーは書いている。

(2) 身体的違和感――チェロが思うように弾けなくなる不安

(1)もこれと関連していたのかもしれないが、この頃から多発性硬化症の症状が出てきた可能性がある。病気という認識はなかったかもしれないが、身体的不調、そして以前のように思うように指が動かないということは敏感に感じるだろう。当初はテクニックが落ちたと感じたかもしれないが、練習とは無関係なようで、徐々にひどくなっていき、これからどうなるのだろうと大きな不安を感じていたと思われる。時に「やがて歩けなくなる」というようなことを言っていたというのも、何となく体の異変に気づき、不安感があったからだと考えられる。
チェロが弾けなくなる時が来るかもしれないと考えて、ジャクリーヌは絶望しただろう。彼女にはチェロしかないし、ダニエルも母親もチェロの才能があるからこそ、自分を愛してくれている。チェロがなければ、捨てられるのではないかという思いをもったかもしれない。チェロがなくても受け入れてくれるのはヒラリーとキーファだけだった。田舎で普通の生活をしているヒラリー家では、チェリストではないただのジャクリーヌになれた。彼女は疲れるとヒラリー家に逃げ込むようになる。

小さい頃から打ち込んできた、たった一つの自己表現の手段、親しい人とそれを通してつながることができ、また多くの人に感動を与えることができる彼女の天職、それが不可能になるかもしれないと思った時の不安と混乱は大きかったと思われる。しかも医者に診てもらっても身体の不調の原因はわからず、精神的なものと言われてしまう。周囲の人にも気のせいと言われ、仮病だと言われたりもした。自分の不安や苦しみをわかってもらえず、孤独だっただろう。彼女はその後ずっと精神分析医にかかり、頻繁に診察を受けるようになる。[注9] 精神分析医にかかっていたことは『風のジャクリーヌ』にも書かれているが、「気のせい、あるいは仮病」と言われたことの苦しみについてはあまり書かれておらず、イーストンの著書に多い。

[注9] 晩年まで週に三回、あるいは五回も診察を受けていた。現在の状況の原因を過去に求めようとする精神分析の志向が、母親をはじめ家族への攻撃や、過去についての否定的思い出をもたらした可能性もある。

(3) キーファへの期待

以前ヒラリーが婚約した頃、ジャクリーヌは鬱になったことがあった。「このままチェリストになっていいのか?」――多くの人が陥るアイデンティティの危機だが、キーファと婚約して幸せそうなヒラリーを見て、自分は幸せになれるのかという思いが重なって、ジャクリーヌは落ち込んでしまったのである。その時キーファが助けになった。キーファはデュ・プレ家と違う考え方を示して新鮮だったし、ジャクリーヌに対峙し対等にものを言えるたった一人の強い人だった。そしてジャクリーヌに何も要求せず、話をよく聞いてくれた。キーファのもつ強さと優しさがジャクリーヌの落ち込んだ気持ちを癒して立ち直らせてくれた。

そしてチェロの演奏も結婚生活もうまくいかなくなり、チェロが弾けなくなるかもしれないという強い不安に直面したジャクリーヌは、音楽だけが重要で、その音楽に秀でたジャクリーヌを求めるダニエルや母親ではなく、何も要求せずにありのままの一人の女性として彼女を受け入れ、よく話を聞いてくれるキーファこそ救い主であると感じ、再度助けを求めようとしたのだろう。またジャクリーヌはチェリストとして演奏することが嫌になって、「普通の生活がしたい」と言ってヒラリーを羨んだことがあったが、キーファと関係をもつことは一時ヒラリーのようになることであったのかもしれない。

（4） 社会性の発達および自己統制の力が不十分

ジャクリーヌはそれまで、自分が好きでかつ秀でていることが文化的に価値をもち、まわりから認めてもらえるという幸運な生を生きてきた。自分のこうしたいという欲求と実際の自分の個性・傾向、そして他者からの期待が一致していて、好きなことをやるとどんどん上達し、まわりから絶賛されるという幸運な人生であった。

但し3節で述べたように、好きなことだけをやり普通の生活をしなかったため、学校では孤独で、対人的場面で自分を発揮したり抑えたりする機会も少なく、社会性の発達が十分になされていないという問題があった。生活に関しても面倒なことは何でも母親がやってくれるので、ジャクリーヌはチェロを弾いているだけでよかった。やりたくないことをやるとか、やりたいことをやらないというようなことはなく、演奏以外でうまくいかないことは、母親が代わりにやってくれるし、学校の勉強等苦手なことはやらなくてよいと言われた。そのような生活では、基本的に自分のやりたいことをやるだけになり、自己統制の力の育成は不十分になると思われる。

一方何かを学んだり練習する時には努力や自己統制が必要であり、むずかしいことに挑戦し上達していったジャクリーヌは自己統制の力をもっていたはずである。但し「チェロを弾いていると、きっと何もかもうまくいくって感じになるの。すごく幸せなの」と言う程チェロが好きなジャクリーヌにとって、チェロを弾くことは自分を抑えて何かに従うという意味での自己統制の意味は少なかったのかもしれない。そして豊かな才能をもっていたため、多大な努力をして目標に達するという経験は少なかったし、チェリストのキャリアも順調で、挫折をしたこともなかった。

そのようなジャクリーヌはつらい状況に立たされた時、やりたいと思うことを（それが姉を傷つけることになるとしても）抑える力が働かなかったのだと思われる。

(5) 家族は何でも応じてくれたというそれまでの経験と、応じてくれるだろうという思い

デュ・プレ家ではジャクリーヌが一流のチェリストになることが最も重要であるという母親の考えが皆に共有されていて、彼女のために家族は何でも応じてくれていた。そのた

め、ジャクリーヌは「私がチェロを弾けるようになるためであれば、どんなことでも応じてくれるだろう」という思いをもっていたと思われる。

ジャクリーヌが一流のチェリストになることを支援するのが家族の役割だということは、デュ・プレ家の全員が共有している暗黙のコンセンサスだったのだろう。ジャクリーヌはどんなことでも聞いてもらえるという自信をもっていたが、ここまで聞いてもらえるか姉を試してみようという気もあったのかもしれない。ヒラリーはこのことが、キーファとジャクリーヌの事件を起こす一番の要因になったと考えているようである。

5　ヒラリーはなぜそれを受け入れ、そしてそのことを公開したのか

色々事情はあったにしろ、ジャクリーヌがヒラリーに夫と肉体関係をもつことを要求したことに驚かされるが、ヒラリーがその異様な要求に応じたということ、さらにそのことを著書に書いたということに衝撃を受ける。なぜヒラリーは妹の尋常ではない要求を拒否しなかったのか、そしてヒラリーとキーファしか知らない全くプライベートな、三人とも

秘密にしておきたい出来事であり、二人が言わない限り決して表に出ることはないことを、なぜヒラリーは敢えて著書に書いたのだろうか。

(1) ジャクリーヌの苦しみを癒し、立ち直らせたいという思い

ヒラリーとジャクリーヌは、幼少期からいつも一緒に過ごす仲のよい姉妹だった。しかしそれと同時に、音楽を目指す上でのライバルでもあり、ジャクリーヌが才能を花開かせ華々しく活躍する姿を見ることは、演奏家への道を諦めざるをえなかったヒラリーにとって、誇らしい思いと同時に羨望と嫉妬心を感じさせることでもあった。但しヒラリーはキーファと出会い、彼と共に生きることで、幸せな人生を手にする。ヒラリーは「私はそれまで経験したことのない自由を感じていた。なんでもやれる気がした。もはや何も怖いものはなかった。キーファの内面的強さと自由奔放さは、私に新しい自信を与えてくれた」と書いている。ヒラリーとジャクリーヌはもともと仲がよかったし、幸せなヒラリーはジャクリーヌの人生が順調にいくこと、彼女も幸せになることを願っていたと考えられる。

1971年、身体的にも精神的にも疲労困憊したジャクリーヌは、アメリカからヒラ

リーにSOSを発信する。取り乱した様子のジャクリーヌから電話がかかってくると、それまで一人で旅行したことは一度もなく、フランスより遠いところに行ったことさえないのに、ヒラリーは勇気を出してアメリカまで迎えにいこうとする。アインズワースにやってきたジャクリーヌを休ませ回復させようとして、ヒラリーはジャクリーヌのためにできることを全力投球でやろうとした。

（2）ジャクリーヌのためにやるべきだという思い

そのようなジャクリーヌに対する愛情に基づく思いとは別に、ヒラリーには自分はそうすべきなのだという義務感・使命感もあった。3節で書いたように、ジャクリーヌの際立った才能が明らかになると、デュ・プレ家の人々はそれを開花させることが務めだと感じるようになっていく。母親が懸命にジャクリーヌを支援するのを見ていた家族は、母親に協力し、ジャクリーヌを支え応援して、彼女のチェロのためには何でもしようとするようになる。但しその程度は様々で、父親はむしろ母親のジャクリーヌへの傾倒に対して疎外感をもち、生涯妻の愛情を娘と争うようになる。ピアスの回想も疎外感と淋しさが前面に出ていて、ジャクリーヌを支えることについては特に書かれていない。ヒラリーはかつてピアノに秀でていて自分が中心であった時期があるゆえに、現在中心にいるジャクリーヌの活躍を支援する義務を強く感じていたと考えられる。また女性で長子である彼女は、母親への同一視が強かったのかもしれない。ヒラリーは書いている。「キーファに出会う前は、ジャクリーヌがどこにいようが、一生彼女の面倒を見るのが自分の務めだと思い込んでいた。だがキーファに恋して以来、私はそれまで自分自身に課していた運命から次第に離れていった」。しかし憔悴し錯乱しているジャクリーヌを見て、ヒラリーは「元の私」に戻ってしまう（「もし私が拒んでジャクリーヌが立ち直れなかったら、私は一生後悔したでしょう」とヒラリーは1998年の訳者のインタビューで答えている）。そして、かつてジャクリーヌのために演奏家への道を絶たれ、やっと手に入れた家庭の幸せまで傷つけられることを恨みつつ、ジャクリーヌのチェロのために常識では考えられないことを受け入れてしまうのである。なおキーファも世界的チェリストの復帰のために力を貸したいという強い思いをもっており、そのためヒラリーに対する後ろめたさもなく、正しいことをしていると思って堂々としているのだろう。

(3) デュ・プレ家への非難に対する異議申し立て

しかし結果的には、ジャクリーヌは病気のためではあるがチェロを弾けなくなり、ヒラリーの大きな犠牲的決断は意味をもたず、事態は悪くなる一方であった。キーファも自分の行為は一時的な効果のみで、結局大きな意味をもたなかったようだとヒラリーに話し、専門家――精神分析医――の力を借りることになる。

ヒラリーは葛藤の末、夫と妹が身体関係をもつことを許す選択をしたのだが、ジャクリーヌの面倒を見るという自分の務めは果たせず、彼女の苦しみに対して全く無力なまま、ジャクリーヌは死んでしまう。しかもジャクリーヌは悲惨な闘病生活が長引く中で、身近な他者に攻撃性を向けるようになり、会いに行ってもいやな思いをするだけになってしまい、また悲惨な姿を見ることも辛く、見舞いに行く回数も減っていく。ヒラリーはそのことで罪悪感を感じていたようで、「ジャクリーヌを死なせてしまったのは私のせいだ」というような記述もある。ジャクリーヌの才能を発揮させるという務めを果たせず、仲のよかった妹を悲惨な状態のまま、悪化した関係を修復させることもなく、死なせてしまったことを、ヒラリーは受け入れられずにいたのだと思われる。

そのために彼女はイーストンの依頼を断ったのだと思われるが、その著書を読んで、彼女の心はさらに傷つくことになる。イーストンの書は、母親や家族の描き方が驚く程ネガティブだからである。姉弟から協力を拒否されたこと、またジャクリーヌの病気は母親が練習を強いたことによるのではないかという母親への非難が当時なされていたこと、そして著者はジャクリーヌの病状が悪くなってから知り合い、その時のジャクリーヌの話に基づいて著書を書いていることとの影響が大きいと思われる。ジャクリーヌは身体的自由が失われていくという極度のストレスや病気による人格変化もあったのか、身近な人への攻撃がひどかったし、「両親は愛してくれなかった」「姉や弟は自分を恨みに思っている」等言っていたとある。

イーストンの著書では「1982年以後、両親はごくたまにしか訪れず、姉弟は最後の数週間になるまでほとんど顔を見せなかった」と書かれているが、ヒラリーによれば、その頃父母は毎週ジャクリーヌを見舞っていたという（なお母親は1985年2月に入院、9月に死去。父親はずっとパーキンソン病を患っていた）。父母への攻撃がひどく心理的負担が重いため、見舞いの回数を減らすようにヒラリーは忠告したが、二人は行き続けたとある。イーストンの著書には「ジャクリーヌは両親が見舞いに来るとお金を渡していて、それにつられて来た」「母親はまるで氷柱みたいに冷たい人だった。母親はジャクリーヌを思いやってなどなかったし、励ますようなことは全然言えない人だった」というような証言を記している。ヒラリーとピアスの見舞いが少なかったのも、各々四人の子どものいる家庭をもち仕事もあり、会うと攻撃ばかりされ、してあげられることも何もないということを考えれば、仕方がなかったように思われる。

イーストンによるインタビューは、ジャクリーヌが病気になり悲劇的な死をとげた後になされたものであることもあって、全体的に両親は冷たかったという証言が多く、ごく普通の家族だったという証言の場合は、「表面的には」と限定がついたりしている。

ジャクリーヌの病気が明らかにされると、それは母親のせいだという非難がしばしばなされた。母親がジャクリーヌに普通の子どもの生活や教育を与えず、そのため友達もできなかった。母自身の叶えられなかった夢の実現をジャクリーヌに押し付け、無理矢理に練習を強いた。そのプレッシャーやストレスからジャクリーヌは病気になったのだという非難――実際にはチェロを弾けないことが彼女にとって最大なストレスだったのだが――、母親の育て方が子どもの問題すべての元凶とする「母原病」的非難を受けた。母親は自分のしてきた子育てに自信を失い、苦しんだ。

「この本は私の一番愛する大切な母への手紙のつもりで書き始めた」とヒラリーは書いている。あれほど一生懸命ジャクリーヌのためにやってきたのに、責められ苦しんでいた母親を弁護したいという思いがヒラリーの執筆の第一の動機と思われる。ジャクリーヌの才能が花開いたのは母親のお陰であること、ジャクリーヌは天才だったが母親も教える天才であったことをヒラリーは書き、母親の無念を晴らし、その人生を肯定化しようとしたのである。

それはヒラリー自身の人生の肯定化にもつながる。ヒラリーも母親を見習い、またジャクリーヌとの関係が悪くなった母親に代わって、ジャクリーヌのために力を尽くしてきた。それなのにデュ・プレ家の家族はネガティブにとらえられている。そういうことに対する「事実は違うのだ」という異議申し立てとして、ヒラリーは書いたのだと思われる。イーストンや世間に対する異議申し立てであると同時に、自分たちの子どもに事実を知ってほしいという思いもあるのだろう（この著書は、二人の著者の八人の子どもたちに捧げられている）。あなたたちの叔母は誇るべき世界的チェリストだったけれど、あなたたちの親とその母親が彼女を一生懸命支えたのだという「家族の物語」を書いたのだと思われる。キーファとの身体関係まで書かなくても家族の一生懸命さはわかる気もするが、ヒラリーは自分にとっての真実をすべて書くことを選んだのである。

6　子どもの才能・個性を育てる上で考えなければならないこと

ヒラリーとピアスの著作の原書の題名は「A Genius in the Family」であり、家族の中にジャクリーヌという天才がいることがデュ・プレ家の人々にどのような影響を与えたのかがこの本の主題ということであろう。ヒラリーによれば「天才は普通の人とは全く異なる。だから普通の人の生活を押し付けようとする試みすら無理なのだ。明らかにジャクリーヌは彼女の奥深くにある何かに突き動かされていた。そしてまわりの人は彼女という奔流に押し流されるしかなかったのだ。天才は己の天分を開花させるために、特殊なある種の環境を要求する。そしてその環境にはまた別の才能が必要」であり、「母がその才能を有し、ジャクリーヌの素質を直観的に見抜き、徹底した音楽教育を授け、ジャクリーヌの天分を開花させる基礎を築いた」と書いている。

母親はジャクリーヌという奔流に押し流されつつ、彼女の資質を見抜き、それを伸ばす上で的確な環境を用意した。しかし3節で述べたように、そこにいくつかの問題があったように思われる。以下にジャクリーヌの事例から示唆される「子どもの才能・個性を育てる上で考えなければならないこと」についてまとめてみる。

（1）好きなこと・得意な面を伸ばすことと他の側面・不得意なこととの学び

人間の子どもは、生きていくために多くのことを学ばねばならない。社会の成員として生きていくためには、知的な学習と共に、社会的な学習――対人関係や生活能力、社会の常識等、「生きる力」の学習――が重要である。それは誰もが（どんな天才でも）学ぶことが必要であり、学校や家庭で普通の生活をする中で自然に身につけていく。しかしジャクリーヌの育ちを見ると、チェロを弾くことが優先され、そのような学習が不十分だった（そして前述のようにまわりとうまくやっていけないことをチェロが補うことになり、さらにその学習の機会が減ることになってしまった）。ジャクリーヌは一人で地下鉄に乗ったこともなかったし、聖書を読んだことさえないようだったと友人たちは言っている。

学校の授業も、母親はチェロの都合で躊躇なく休ませている。学校側はそのことを心配し、特別のカリキュラムを用意してくれたりした。チェロの教師も色々勉強することを勧めているが、母親はチェロだけを重視する姿勢であった。（後に「無理にでももっと普通の生活をさせるべきだったのか、あんなにチェロばかり弾くのを止めるべきだったのか」と過去を振り返って悔いている。）

ジャクリーヌがチェロの練習に励めるように、母親は彼女を保護し、他のことはやらなくてもいいようにまわりを整えた。一方でチェロを弾くことしかできないジャクリーヌを、チェロの上達のために、一人でパリやロシアに留学させたり、演奏旅行に出したりしている。過保護に育ち一人で何もできない娘を、心配しつつも厳しい状況においている。しかしそれは予測できたことであり、その時点で自立させるつもりであったのであれば、そのような能力をつけておくべきだったように思われる。

音楽以外の面——生きていく上で必要なこと——も学ぶことは必要であるが、普通は自然に学ばれることも多い。しかしジャクリーヌの場合は普通の生活がなかったし、もともとそのようなことにあまり向いていなかったため、意識的に学習させることが必要だった。向いていないこと、不得意なことの学習は面白くないため、自発的にはやらないことが多い。しかし将来必要になることがわかっているのであれば、学習させることが必要である。

好きなことや得意なことを自発的にやることはもちろん重要だし、早い時期から集中的に取り組むことが必要な分野は確かにある。しかし得意なことをさらに上達させることだけでなく、不得意なことで気が向かなくても、必要なことであれば習得しなければならない。その際何が必要なのかは、本人にはまだわからないため、まわりの大人が考えて、学習を促すことが必要となる。

(2) 天分があるゆえの特別扱い

自分の子どもに才能があることがわかれば、親はそれを伸ばそうと夢中になるだろう。幼少期からの訓練が必要な場合(例えば音楽やスポーツ)、兄弟は共に練習させる場合が多い。兄弟はいつも一緒にいて親しい仲間であるが、同時に親の愛と注目・称賛を競うライバルでもある。特別の才能がある子がいれば、親はその子の才能を伸ばすことに夢中になる。はじめは兄弟そろって教育を受けているが、どんどん才能を伸ばし親の関心を独り占めしている兄弟を身近に見て、自分はだめなのだという挫折感や疎外感をもつ場合も多いと思われる。ヒラリーとピアスにも音楽の才能があり、特にヒラリーはピアノで注目されていた。それがある時点でジャクリーヌに注目や称賛が移ってしまったこと、それ故のヒラリーの失意については3節、4節で述べたが、自分は世界から求められていないという思いをもってしまった。「学校に行きたくない」と言えば、ジャクリーヌだけ行かずにすむし、ジャクリーヌのために奔走する母を見て、顧みられない自分は彼女とは違う、彼女のような価値はないのだという思いをもってしまった。母親は音楽が最も重要という価値観をもち、非凡なものをもち確実な成果をあげるジャクリーヌに夢中になり、他の家族への配慮が不十分になっていく。しかし母親を慕っていたヒラリーとピアスは、ジャクリーヌの才能開花に一生懸命な母親に不平・不満を言うことはなく（言うのは父親だけであった）、ジャクリーヌの才能を伸ばすことを自分たち家族の目標と考えるようになっていく。

そのようにデュ・プレ家は成果中心主義で、成果を出した子が中心になる家族であった。それに対しヴァイオリニストの千住真理子の場合は、両親は音楽家ではなく、祖父も父親も学者という家系だったが、彼女はヴァイオリンを習っていた兄たちにつられて楽しくヴァイオリンを弾いていた。コンテストに参加したことから、彼女は本格的に練習するようになり、全国の小学生のコンテストで優勝し、12歳でプロ・デヴューする。千住家も母親は真理子中心に動いていたが、兄たちも各々自分の行く道を見つけて全力で頑張り（真理子はプロとして活躍する一方、二人の兄は苦戦が続いたが）、両親はそれを見守り応援した。父親は「（どんな領域であっても）頑張ることが重要」という価値観をもち、家族全員がそれを自らに課し、それぞれの道でひたむきに努力し続けた（結果的に長兄博は日本画家、次兄明は作曲家として活躍している）。兄妹の仲はよく、祖父母や父親の介護を家族で一致団結して行い、母親の病気に際しても三人兄妹は多忙の中協力して事にあたった。

どちらも音楽の才能に恵まれ、少女時代にプロとしてデヴューし、母親からの多大な支援を受けて成長していったが、そのことの兄弟への影響は大きく異なっている。ジャクリーヌの場合は姉と弟はネガティブな影響を与えられてしまったと感じているのに対し、真理子の場合は各自が自分の道を生き生きと歩むようになっている。

その違いは、デュ・プレ家は成果中心主義で、成果を出した子が特別扱いされるのに対し、千住家の場合は成果ではなく、頑張ること、努力することが奨励される点である（教育心理学者ドウェック等の言う遂行目標と学習目標に該当する）[11][注10]。千住家の父親は、領域は何でもいいから好きなことを頑張るようにと子どもたちに言い、親も含めて全員がそれぞれの学習目標をもち常に頑張っていた。そして苦戦をしている二人の息子に対して、30歳までは自由に模索することを許している（たまたま二人とも芸術の道に進むことができたが、違う道であっても本人が好きで選んだ道であれば千住夫妻は応援したと思われる）。

（3）父親の役割

子育てにおいては母親の役割が強調されやすいが、父親の役割も大きいことを発達心理学は示している（例えば柏木[12]）。母親とは異なったかかわり方――母子関係に第三者として介入する、異なった遊ばせ方等――をすることだけでなく、子育てをしている母親を励まし母親の情緒を安定させる等の間接的な役割も大きい。デュ・プレ家と千住家の大きな違いとして、父親のあり方の違いがあると思われる。

ジャクリーヌの父親についてヒラリーは、「（ジャクリーヌの才能を伸ばそうとする）母親を全面的に信頼し、安定した家庭と金銭的な援助を提供した」とその貢献について書いているが、一方で父親はジャクリーヌと母親の密着関係に疎外感をもち、妻の注意を引こうとしたり、妻からの世話を求めてジャクリーヌと争ったことが書かれている。戦争中に諜報の仕事をしていたことが原因で精神的に問題をもってしまったのか、妻に依存的で、家庭における父親の役割を果たしていたとは言えない。

それに対し真理子の父親は、実際の子育ては母親に任せていたが（母親は夫が仕事に専念できるようにと、子育ては一手に引き受けたという）、明確な子育ての方針をもち、それに基づいて肝心な時に母親にアドバイスしたり子どもと話し合ったり、表に出ないが精神的には共同で子育てにあたっていた。特に子どもたちが苦境にある時（頑張っても成果があ

【注10】遂行目標は自分の能力の評価を得ること、他者に認めさせることに志向するのに対し、学習目標は自分の能力を高めること、熟達することに志向する。遂行目標を目指す時は成果が重視され他者よりもできたかどうかが重要なのに対し、学習目標では学習のプロセスが重要である。

がらない時）には、的確なアドバイスをしたり励ましたりしている。自分の道をこつこつと誠実に歩むモデルとして、また肝心な時の精神的バッグボーンとして、家族を支えている。真理子がプレッシャーからヴァイオリンを弾けなくなった時、「ダイヤモンドは無数の傷をつけて磨かないと光らない」と言って磨くことを促し、「でも私はダイヤモンドではないかもしれない」と真理子が言うと「それを信じるのは自分だけかもしれないが、私もお母さんも真理子はダイヤモンドだと信じているよ」と言われたという[9]。それが真理子が再びヴァイオリンを弾くようになった一つの要因になっている。

但しフジコ・ヘミングの父親は自国に帰ってしまって彼女は実質的に父親なしで育ったし、五嶋みどりの場合は母娘は父親を日本に置いてニューヨークに行ってしまい、共に生活することもわずかなまま両親は離婚しており、父親が特に役割を果たしたということはない（再婚した父親は五嶋龍にとって意味をもっていたと思われる）。したがって父親のあり方は才能を育てる上での必要条件というわけではないが、母親が子どもの才能を育てている時、それにかかわってはいないがいつもそばにいる父親のあり方も重要な意味をもつということは言えるだろう。

以上ジャクリーヌはなぜヒラリーの夫のキーファと性的関係をもつというような行動を

し、ヒラリーはなぜそれを受け入れたのかについて、二つの著書を用いて分析し、才能豊かな子どもを育てる時に陥りやすい子育ての問題について考察を行った。

ジャクリーヌの育ちについて問題点を色々取り上げたが、但しジャクリーヌの悲劇の最大の原因は多発性硬化症に罹患してしまったことであり、それが育ち方の問題等を先鋭化させてしまったのだということを最後に付け加えておきたい。たとえ様々な問題があっても、ジャクリーヌが病気にならずチェロを弾くことができていれば、彼女の心は落ち着き、充実感ももつことができて、キーファに無茶な要求を向けることはなかっただろう。たとえダニエルと合わないところがあったとしても、チェロさえ弾ければ音楽を共有することでダニエルと心を通わせることができたし、音楽を共に作ることで色々な人とつながり、また人々に聴いてもらい感動を与えることでジャクリーヌも心が満たされ、さらに成長していくこともできたと思われる。才能豊かな人は、その才能を発揮する中で育ちや人格上の問題等が補完・修正され、人間的にさらに成熟することも可能であろう。チェロが弾けさえすれば、ジャクリーヌは母親に対しても才能を育ててくれたことに感謝し、よい関係を取り戻していたと思われる。しかし彼女はチェロを奪われ、長く厳しい闘病生活を送る中で育ちの問題等の様々な問題が増幅・先鋭化されてしまい、家族を巻き込んだ悲劇になってしまったのだと考えられる。

3章　宮沢賢治と父親

――『銀河鉄道の父』『貝の火』『雨ニモマケズ』をめぐって

花巻農学校教諭の頃：大正14年
農民と共に生きることを考えていた頃か
（翌年春には退職）

1　はじめに

子どもの発達における母親の重要性は誰もが認めるところだが、現代社会では、母親も家事・育児だけでなく外で働くことが増え、男女の役割意識も変化して、父親も育児に携わることを要請されるようになってきている。また明確な価値観をもち家族を先導する強い父がいない「父親なき社会」（精神分析学者ミッチャーリヒが提唱）になっており、父親のロール・モデルもない中、父親はどうあるべきか、その役割を考えたいと思う者は多いと思われる。「家」に対する責任を一手に担い、その成員に権威的にかかわる家父長としての父親は影を潜め、子どもの気持ちを理解しよい関係を作ろうとするあまり、友達のような父親が出現し、それでよいのかと疑問を投げかける著書（例えば林[1]）が話題になったりした。

門井慶喜の小説『銀河鉄道の父』[2]は、宮沢賢治の生涯を父親の視点から描いた小説で、2017年第158回の直木賞受賞作である。明治・大正・昭和初期という家父長制の社会で、家父長としての責任や役割を担い、子どもに厳しく対さねばと思う一方、子どもを優しく養護したい、子どもの気持ちを理解しそれに沿いたいという気持ちも強くもつ賢治の父が、父親としてどう振る舞うか迷い、葛藤する姿が描かれている。宮沢賢治の生涯やその作品に関する研究や著作は非常に多く、父親と賢治の諍いや葛藤に言及するものも多いが、『銀河鉄道の父』は父親の視点から賢治の生涯を見るという点がユニークであり、また父親の葛藤が現代の父親のあり方を考える上で参考になるということもあるのか、広く読まれているようである。「父親とは何なのか」を考えるよい事例になると考えるが、『銀河鉄道の父』は伝記や評論ではなく小説であり、現代を生きる著者の考えや解釈、時には創作も含まれているし、反対にエピソードの簡略化や省略もあるようである。しかし他の資料も用い補うことによって宮沢賢治にとって父親はどのような存在で、どのような影響を与えたのかを分析することは可能と考える。

さらにその分析との関連が読み取れる賢治の二つの作品を取り上げて、賢治にとっての父親について分析を行う。その一つは童話『貝の火』[3]で、彼と父親との宗教や職業をめぐる諍いが激しかった大正9年、賢治24歳の時に書かれた作品であるが、ウサギの父子に与えられた試練とそれをめぐる父子の葛藤を描く中で、賢治が父親の役割をどう考えていたかが読み取れる。二つ目は賢治の最も有名な作品『雨ニモマケズ』で、彼が亡くなる二年前、病気が重くなって自宅で病臥している時に手帳になぐり書きされたもので、賢治が目指した生き方が詠われている。父親は全く登場しないが、父親からの影響が窺えると考え、取り上げる。

本章では、まず賢治の生涯の概略を述べてから、父親はどのような人物で、賢治にとってどのような存在だったのか、そして彼の生涯にどのような影響を与えたのかについて、『銀河鉄道の父』を中心に他の資料も参照しながら論じる。そして『貝の火』と『雨ニモマケズ』における父親について考察を行う。

なお宮沢賢治について書かれた著作は大変多いが、本章では『銀河鉄道の父』の他に、主として堀尾[4]、宮沢[5]、千葉[6]を参考にし、いくつもの書で書かれていることに関しては引用文献として表示せず、上記四冊では明確には書かれていないことが含まれる場合だけ表示することとする。

2　賢治の生涯の概要

明治29年8月、岩手県花巻町で質屋兼古着商を営む父親政次郎と母親イチの長男として生まれる。父親は家業に励む厳しい父親である一方、子ども思いで賢治の入院に付き添って泊まり込み、看病するような人であり、母親も優しい人だった。共に住む祖母や叔母にも可愛がられ、賢治は恵まれた環境で大切に育てられた。小学校に入学。成績は優秀で、他者への共感性に満ちた優しい子であった。担任が読む童話を好み、鉱物・昆虫採集に熱中し、父親の主催する仏教講話会に参加していた。小学生の時は、「お父さんのような立派な質屋になる」と言っていた。

祖父は、かつて父親に言ったと同じように、賢治にも「質屋に学問はいらない」と言うが、父親は賢治の願いを聞き入れ、祖父の反対を押し切って中学に進学させる。鉱物採集への熱中は続き、短歌も詠み始める。父親は、中学卒業後は長男の賢治に家業を継がせるつもりで店番をさせたりしていたが、賢治は気が進まず、客とのやりとりも苦手だった。賢治は質屋という家業に抵抗を感じ、父親も息子の資質を考えるとまだ無理と判断し、盛岡高等農林学校への進学を許可する（19歳）。父親は賢治の望むまま仕送りをし、支える。大正7年（22歳）に卒業し、その後は研究生になって土性調査や学校での化学実験の手伝いをする。しかし7月肋膜炎になり帰郷。家業の手伝いをし、童話創作を開始する。冬に東京の大学に行っていた妹のトシが肺炎になり、看病のため上京する。2月に帰郷、嫌々家業の手伝いをする。

高等学校受験準備の頃に日蓮宗に出会って感動し、その後熱心な信者になる。9年高等農林学校の研究生修了。家業を継ぐという親の期待は拒否したものの、自分の生きる道を探してもなかなか見つからず、鬱々と過ごす。信仰が熱烈になって、浄土真宗の信者である父親を改宗させようとして、激しい宗教論争を繰り返す。そして日蓮宗の新興団体の国柱会に入会する。大正10年1月家出をして上京、国柱会の奉仕活動に携わる。印刷の原紙を書く仕事をし、図書館で勉強し、童話を書く。父親は心配して4月に上京し、共に旅行をする。一方賢治は父親が送った小切手を受け取らず、送り返したりしている。帰郷していたトシの結核が再発したため故郷に戻り、農学校教諭になる。

11年心象スケッチ『春と修羅』を書き始める。妹トシ24歳で永眠。12年上京し、童話を出版社に持ち込むが、掲載を断られる。岩手の新聞に詩と童話が掲載される。13年心象スケッチ『春と修羅』、童話『注文の多い料理店』を自費出版で刊行。本は売れなかったが、辻潤、草野心平等少数だが著名な詩人から評価される。

学校教諭の仕事は賢治にとって楽しく、自作の童話を聞かせたり、音楽劇をやらせたり、熱心に指導する。子どもからの評判もよかったが、15年に辞職。創作活動に専念したいこともあったが、「農民になれと子どもに言いながら、自分は安閑と月給をもらっているのは心苦しい」と言って農業を始め、独居自炊生活を送るようになる。そして羅須地人協会を設立し、農業活動と文化活動を合わせた実践を行う。

貧しい農民のために稲作指導や肥料指導に奔走する。農民と同じような生活をし農民と共に生きようとするが、なかなかうまくいかず、心身共に疲労困憊して病気が再発、実家での療養生活になる。一時小康を得て砕石工場技師になり、石灰等の宣伝販売に従事するが、上京中高熱を出して故郷に戻る。病臥しつつ肥料相談に応じたり（逝去の前々日も相談に応じる）、書きためていた作品の推敲をしたりする。昭和8年9月21日、遺言で「国訳妙法蓮華経」の頒布を頼み、逝去する。享年37歳。

3　父親はどのような人で、どのような父親だったのか

(1) 父親の人となり

父親政次郎はその父喜助が始めた質屋兼古着屋を継いで、「財閥」とも呼ばれるような花巻で一、二の名家にしており、経営の才覚のある人物であった。彼は学業も優秀で進学したかったのだが、父親に「質屋に学問はいらない」と言われ、諦めて家業を継いだ。そして生活のため、家長として皆を養っていくために、商売に精を出して、財を築いた。一

方熱心な浄土真宗の信徒で、かつ思索や読書が好きな教養人で、質屋をするだけでは充足できない思いもあって、宗教家や文化人を招き講演会を開いたり、長く町会議員をやったりして地元の名士でもあった。

彼はしっかりとした価値観をもち、それに基づいて行動する信念の人で、家業を継ぐ決意をした後は責任をもってその道を邁進した。「守銭奴」というような陰口を言われることもあったようだが、「苦しい農民のためにもなっている」と賢治に説明しており、商人としての倫理観に則ってやっていたと思われる。彼は敬虔な花巻一の浄土真宗信徒であり、その普及にも熱心にかかわったが、宗教への傾倒は質屋であることに対する免罪の意識があったとも考えられる。ともあれ彼は勉強家で教理の理解も深く、また地元のクリスチャンとも付き合いがあり、宗教心の強い求道の人物であった。

以下に『銀河鉄道の父』を中心に他の評伝も参考にして、彼がどのような父親であり、賢治はどのような思いをもっていたのかについてまとめてみる。

(2) 信念をもつ強く厳しい父親

『銀河鉄道の父』の第1章の標題は「おまえは父でありすぎる」であり、喜助から甘さをたしなめられることから始まっており、全編を通し政次郎が家父長として権威をもって謹厳に振る舞おうとしながら、甘く威厳がないのではないかと心配していたことが書かれている。しかし他の評論ではむしろ賢治の壁となる厳しい父親のイメージが強いし、妹のシゲも、妹弟によく話をする賢治が、父親がいる時は「借りてきた猫のようだった」と語っており、父親は内面はともかく賢治の目には厳しく威厳のある父親と映っていたようである。

彼は浄土真宗への篤い信仰心をもち、仕事にも力を注ぎ、信仰に関しても仕事に関しても強い信念をもち、それを子どもたちに言動で示していた。賢治が家業の質屋を嫌っているのを知りつつ、長男として継ぐことを説得し続け（最終的には賢治の資質に合わないと納得し諦めるが）、また賢治の日蓮宗の折伏にも全く動じなかった。そして様々な場面で厳しい現実を明確に子どもたちに指し示した。

彼が賢治に厳しい現実を示した例として、次のようなことがあげられる。賢治が次々に提案する自分の事業計画に対して、非現実的でうまくいかないことを指摘して、資金を一度も出さなかった。賢治が何もせずにいる時には厳しく叱責し、「貴様は世間のこの苦しい中で農林の学校を出ながら何のざまだ。考えろ。みんなのためになれ。～（略）～貴様はとうとう人生の第一義を忘れて邪道にふみ入ったな」と言われたことを、賢治は友人への手紙に書いている。詩や童話を書くことに関しても、賢治に、「唐人の寝言みたいな文章を書いて何の役にたつのか。どんなものが売れているか本屋へ行って見てこい」と厳しい。また賢治が詩集を公刊した時、わずかだが有名な詩人に認められたことに対し「世間で天才だのと言われて賢治がいい気になるといけないので、せめて自分だけでも手綱にならねばならないと思った」と言っている（『銀河鉄道の父』では「岩手新聞に掲載されると喜んで知り合いに配ってまわった」とあるが、手放しで喜んで応援したわけではないようである）。賢治が自分が死んだ後の作品について、弟にはもし話があれば売ってくれるように頼む一方、父親には「自分の作品は迷いの跡だから処分してほしい」と言ったことからも、賢治は父親に厳しさを感じていたことが窺える。

精神分析学者のフロイトは、エス・自我・超自我から成る人格理論を唱えたが、自我がエスをしっかり統制しているかを監視し道徳原則に従うことを要請する「超自我」の源泉は父親であるとし、また父親は、母子一体状況に第三者として介入することで、欲求充足だけでなく現実をしっかり見て現実に合わせようとする「自我」の成立にも寄与するとした。善悪を教え自らの規範・価値観を示す父親に同一化することで子どもはその規範を内面化して、道徳原則に従うようになり、また父親に現実を示されることで現実原則に従って自分の欲求を統御し対処できるようになるとされる。そのために父親はしっかりとした規範意識・価値観をもち、それを明確に子どもに示し、また欲求充足を阻む厳しい現実を示すことが必要なのである。

賢治の父親は彼自身が強い超自我をもち、自らの規範・価値観を子どもたちに明確に示してそれに従うように要請し、また厳しい現実を厳然と指し示す役割も果たしており、上記の精神分析理論における父親の役割を十全に担っていたと言える。賢治は非常にストイックで自分の欲求を強く抑える傾向があり、羅須地人協会時代には農民と同様の苛酷な労働や質素な生活を自らに課したり、あるいは性欲が生じると一晩中外を歩いていたというエピソードもあり、超自我の強さが窺える。また罪悪感を強くもつ傾向もあり、貧しい人々に対して自分が恵まれていたことゆえの罪悪感をもち、父親に対しては多大な恩を受けたのにそれを返せないことでの罪悪感、妹のトシの死に際しても自分の信仰が揺らいでいて天上界が信じられなくなっていたのに、そのことをトシに言わず彼女をそこに一人でやってしまったゆえの罪悪感（菅原等[7]）が評伝には書かれているが、それは父親由来の超自我の働きが強かったためであると考えられる。

（3）献身的に子どもを守る優しい父親

一方、『銀河鉄道の父』で詳しく書かれているように、政次郎は子どもたちに愛情を注ぐ優しい父親でもあった。子ども時代だけでなく、成人した賢治が山に調査に行く時に、リュックにそっと薄荷を忍ばせたりしたというようなエピソードもある。特に父親の賢治への献身を象徴的に示すのが、入院時の付き添いのエピソードである。彼は賢治が7歳の時に赤痢で入院すると、賢治に付き添って自分も病院に泊まり込んで看護にあたった。周囲の人も病院側も驚き止めたが、彼は諦めず強引に泊まり込み、きめ細かい看護をしている。そして自分も赤痢に罹患し入院することになってしまう。さらに中学卒業の年、賢治が18歳の時にも蓄膿症で入院した息子に付き添い、そこでもチフスになって二週間入院した。特に一回目の罹患は後遺症で腸の具合が悪くなり、父親は生涯にわたって夏になると固形物が消化できず、お粥しか食べられなくなってしまった。

そのような父親の姿を目の当たりにしていた賢治が、他者のために自分を犠牲にしても尽くそうとする人になるのは不思議ではない。彼には小学校時代からそのようなエピソードがいくつもあり、長じてからも農民のために自分の健康を害しても尽くそうとしたが、そのような傾性が培われたのは次節でも詳述するが、父親からの影響によるところが大きいと思われる。

そして学生時代はもちろん、その後も父親は賢治が望むままに送金をし続け、生活の糧を得ることもできずニートのような生活を続ける息子を辛抱強く支え続けた。優しく看護してくれたり、支え続けてくれた父親に対する感謝の念は大きく、死の二年前に東京で高熱を出して死ぬかと思った時、「もう私もおわりと思います。それで最後に父上のお声が聴きたくなりました」と言って電話をしている。あたかも養護的な優しい母親に対する気持ちのようである。病気が重くなった賢治に、父親は「よしよしいい子だ。なんにも心配ねえ」と声をかけたり、眠れないと言う賢治の胸をとんとん叩きながら童歌を歌ったりする場面が『銀河鉄道の父』にはある。この場面は他の資料には見当たらないので、著者の創作と思われるが、賢治は幼少期にそのようにしてくれた父親の優しさを病床で感じていたのかもしれない。母性的な優しさを感じさせる父親である。

職業や宗教をめぐる父親との対立はかなり深刻なものであったが、父子関係について詳しく検討している吉本[8]は、賢治が日蓮宗に帰依し家を飛び出すその一途さに比して、父親との対立の歯切れが悪いことを指摘している。家出の後も賢治は、自分の行動を手紙で逐一報告し、了承を求め、反対されれば思い悩み、父親の意向に沿おうとするのである。思想的に激しく対立しても、父親が優しく養護的であることを忘れることはできず、また自己犠牲的に自分に尽くしてくれたことへの感謝と負い目があったためと考えられる。

（4）尊敬から反抗・批判の対象となる父親

家業に精を出し社会的・経済的に活躍し、家でも謹厳な父親を賢治は尊敬していた。「将来何になる」と聞かれると「お父さんのような立派な質屋になります」と言っていたし、小学四年生の時の作文にも書いている。しかしそのような父親へのまっすぐな尊敬の念は、成長と共に変化し、中学校へ行く頃には、貧しい人からの利息で一家が生きてゆくというような家業を継ぐことを避けたいと思うようになっていた。賢治は金繰りに困った零細な農民から質草を安く引き取る家業を嫌がり、店番をさせると相手の言うままにお金を渡してしまったりした。彼は長男である自分に家業の質屋を継いでほしいと期待する父に逆らって自分の道を探そうとするがなかなかうまくいかず、その後も彼の職業をめぐって父子間の葛藤は続いた。

父子の葛藤は宗教的な対立によってさらに激しくなる。父親は熱心な浄土真宗の信者で、賢治も幼少の頃から経典を読んだり、父親の主催する講習会に参加したりしていたが、高等学校に入る少し前に、父親の友人が父親に贈った日蓮宗の「漢国対照妙法蓮華経」を読んで感動し、以後日蓮宗に夢中になる。そして日蓮が浄土真宗を批判していることもあって、父親に論戦を挑み、改宗を迫るようになる。対立の激しさは母親が心配して日蓮宗の経典を贈ってくれた知人に相談する程であった。そしてやがて国柱会に入会し、さらに家出をして、両親が改宗するまで戻らないと宣言するまでになる。

なお『銀河鉄道の父』では詳しく触れられていないが、中学に入学する時に、父親が寮監に自分の銀時計を見せたことを賢治は忌々しく思ったことが評伝に書かれている。成長と共に父親を批判的に見るようになっていたが、自分が成功者であることをひけらかす俗物根性が理想主義的な賢治には恥ずかしく、批判を強めたと思われる。それでももちろん賢治は父親からの仕送りによって生活していたし、長じた後も父親の財力に頼り、給料をもらっていた唯一の教師時代も給料は趣味に使ってしまい、生活費は父親からもらっていた。

青年期に入ると親を批判し反抗することは一般的に見られることであり、青年は父親を乗り越え、父親とは異なった人生を歩もうとしたりする。しかし賢治は父に逆らって自分の道を探してもどれもうまくいかず、父を抜きたい思いをもっても、その見込みも全くなかった。トシの入院に付き添った時、自分には質屋の仕事も世間なみの人づきあいも、夏季講習会の開催もできないが、家族の看護なら「あの人のやることが、おらもできる」「お父さんに勝った」と思う場面が『銀河鉄道の父』にはあるが、彼の社会的・職業的な自信のなさと父親を超えたい気持ちが表されている。日蓮宗に夢中になり父親と宗教的に対立したのも、日蓮宗に惹かれたことだけでなく、父親を乗り越えたい賢治にとって、自分の考えに自信をもっている宗教こそ父親と渡り合える分野と感じ、また日蓮の浄土真宗への批判を参考にすることで父に勝てる、勝ちたいと思ったからなのだと思われる。

4　父親は賢治の生き方にどのような影響を与えたか

子どもは3節の（4）で述べたように、青年期に入ると親を批判し反抗しながら、自分の生きる道を模索し見つけていくことが多いが、賢治はなかなかそれができなかった。しかし詩や童話を書くという自分を表現し自分らしさを生かす術を見つけ、また学校で教員として働き充実した生活を送るようになる中で、賢治は自分の生きる道を見つけていく。そして子どもたちに農業を勧めるだけでなく、自分も農業に従事し、農民と共に農民のためになるような生活をしようと思うようになる。彼は学校を辞め、羅須地人協会を設立し、

■文学・哲学・経営学

私市保彦

賢治童話の魔術的地図　土俗と想像力

民俗的なもの，科学的なもの，宗教的なものの混交する賢治童話の「魔術的宇宙」の謎に，世界文学の視点から多面的に迫る。

ISBN978-4-7885-1762-2　四六判 256 頁・定価 3190 円（税込）

長島要一

森鷗外　「翻訳」という生き方

鷗外にとって翻訳とは「文化の翻訳」であり，生きることそのものだった。鷗外文学に翻訳の果した役割を具体的多面的に探る。

ISBN978-4-7885-1776-9　四六判 290 頁・定価 3080 円（税込）

倉田 剛　*重版出来！*

論証の教室〔入門編〕　インフォーマル・ロジックへの誘い

論理的になることができる能力を，インフォーマル・ロジック（非形式論理学）を通して身につける，論理学の新しい教科書。

ISBN978-4-7885-1759-2　A 5 判 336 頁・定価 2970 円（税込）

佐藤典司・八重樫 文 監修・著／後藤 智・安藤拓生 著

デザインマネジメント論のビジョン　デザインマネジメント論をより深く学びたい人のために

ものごとに新たな意味を与え，組織や社会を導くために必須のデザインマネジメント。その考え方と手法，最新理論を簡明に説明。

ISBN978-4-7885-1766-0　四六判 264 頁・定価 2640 円（税込）

■心理学・リーダーシップ論・キャリア形成

I. L. ジャニス／細江達郎 訳　*好評2刷！*

集団浅慮　政策決定と大失敗の心理学的研究

なぜ聡明な人々が議論を重ねたのに重大な失敗となってしまったのか。米国の政策決定を事例に集団に働く心理学的過程を解明。

ISBN978-4-7885-1770-7　四六判 600 頁・定価 4730 円（税込）

小俣貴宣 編著／原田悦子 編集協力

価値を生む心理学　人と製品・サービスを結ぶ科学

グローバル化，多様化する時代，モノづくりとサービスに心理学は欠かせない。心理学人材を活かすための具体的方策を提言。

ISBN978-4-7885-1772-1　四六判 240 頁・定価 2860 円（税込）

佐藤公治

ヴィゴツキー小事典　思想・理論・研究の構想

多岐にわたる重要な著作をとりあげ，思想・理論だけでなく，その背景にある研究構想まで含めて一冊で理解できるように解説。

ISBN978-4-7885-1779-0　四六判 304 頁・定価 3080 円（税込）

■社会学

R. コンネル／伊藤公雄 訳

マスキュリニティーズ　男性性の社会科学

男らしさの複数性や相互の権力関係，男性性と社会構造との密接な関連性など，男性学の基本的視座を確立した古典的文献。

ISBN978-4-7885-1771-4　A 5 判 456 頁・定価 8580 円（税込）

赤川 学・祐成保志 編著

社会の解読力〈歴史編〉　現在せざるものへの経路

史資料をもとに，一つの物語として「歴史」を描き出す。実証と向き合いつつも素朴な実証主義に陥らない，歴史社会学の挑戦。

ISBN978-4-7885-1757-8　A 5 判 248 頁・定価 3520 円（税込）

出口剛司・武田俊輔 編著

社会の解読力〈文化編〉　生成する文化からの反照

文化の解読を経て，その土壌となる社会的文脈の解読へ。私たちを新たな意味と解釈の地平へと誘う文化社会学の醍醐味。

ISBN978-4-7885-1758-5　A 5 判 256 頁・定価 3520 円（税込）

清水 亮

東京大学而立賞受賞

「予科練」戦友会の社会学　戦争の記憶のかたち

「予科練くずれ」と蔑まれた元少年航空兵たちは後に立派な記念館等を建立する。彼らの隠れたネットワークを開示した意欲作。

ISBN978-4-7885-1761-5　A 5 判 256 頁・定価 3520 円（税込）

庄司興吉 編著

ポストコロナの社会学へ　コロナ危機・地球環境・グローバル化・新生活様式

コロナ禍を契機に地球環境問題を生産パラダイムからとらえ直し，身体，地球，歴史，社会を接続して考える今日の社会学の挑戦。

ISBN978-4-7885-1755-4　A 5 判 216 頁・定価 2860 円（税込）

■観光人類学

橋本和也

旅と観光の人類学　「歩くこと」をめぐって

観光とは地域を歩くことであり，歩くことは迷うこと。観光まちづくりや地域芸術祭を歩き回った体験から「観光」を問い直す。

ISBN978-4-7885-1763-9　四六判 304 頁・定価 3080 円（税込）

山下晋司・狩野朋子 編

文化遺産と防災のレッスン　レジリエントな観光のために

大規模災害の頻発で文化遺産も危機にさらされている。文化遺産とともに生きることの意味を「レジリエンス」を手がかりに考察。

ISBN978-4-7885-1780-6　A 5 判 216 頁・定価 2750 円（税込）

■新刊

T. E. アダムス・S. H. ジョーンズ・C. エリス／松澤和正・佐藤美保 訳

オートエスノグラフィー 質的研究を再考し，表現するための実践ガイド

オートエスノグラフィーは，自分自身を対象として，生活や経験の要素である他者との関連性，混乱，感情も含めて批判的に再考する質的研究の方法で，注目を集めている。研究をデザインし表現するまでの勘所を簡潔にまとめた，定評あるテクストの完訳。

ISBN978-4-7885-1792-9　A５判 228 頁・定価 2860 円（税込）

サトウタツヤ・安田裕子 監修／上川多恵子・宮下太陽・伊東美智子・小澤伊久美 編

カタログTEA（複線径路等至性アプローチ） 図で響きあう

人びとのライフ（生命・人生・生活）のありようを図を用いて分析する TEA。研究領域が広がり，理論的にも進展するなかで，創意工夫が積み重ねられてきた。本書は魅力的な図の研究例を満載した見本帳で，TEA の歴史や基礎知識も学べる初学者必携の書。

ISBN978-4-7885-1797-4　B５判 112 頁・定価 3080 円（税込）

鈴木朋子・サトウタツヤ 編

ワードマップ 心理検査マッピング 全体像をつかみ，臨床に活かす

実践の場でよく使用される 41 の心理検査（群）をとりあげ，それぞれの特徴を簡潔に解説すると共に，心理検査の全体像に照らして理解できるよう，四象限マトリクス上にマッピング。個別の検査解説を開発者や使用経験豊かな研究者が執筆した，これまでにない入門書。

ISBN978-4-7885-1785-1　四六判 296 頁・定価 3080 円（税込）

J. デルヴァ・P. A-ミアーズ・S. L. モンパー／森木美恵・米田亮太 訳

文化横断調査 【ソーシャルワーク研究のためのポケットガイド】

異なる文化的背景をもつ集団が抱える問題や価値観を，安易にその文化の特徴としてしまうことなく，文化的要因と他のアイデンティティ要因との相互作用として多面的に理解するために有効な研究プロセスを，実際の調査研究に即して懇切に紹介。

ISBN978-4-7885-1788-2　四六判 216 頁・定価 3080 円（税込）

中尾 元 編著／渡辺文夫 監修

異文化間能力研究 異なる文化システムとの事例分析

世界が混迷を深めるなかで，人々が互いを否定することなく関係を築き，共に生きるために重要な態度・能力とは何か。異文化間研究の様々な理論と多様な背景・分野で生きる 12 人が直面した事例とを有機的に結び，異文化間能力の諸テーマについて学ぶ。

ISBN978-4-7885-1802-5　A５判 264 頁・定価 3630 円（税込）

新曜社　新刊の御案内

Sep.2022〜Mar.2023

■新刊

井上雅雄

戦後日本映画史　企業経営史からたどる

映画は製作会社，特に制作者・監督・俳優などが作るものと考えられがちだが，配給会社，映画館，観客など多くの人々が関わっている。戦後映画の「黄金期」を，産業として企業経営史の観点からたどり，従来の作品論とは全く異なった新しい風景を拓く。

ISBN978-4-7885-1781-3　A 5 判 512 頁・定価 5720 円（税込）

林 英一

残留兵士の群像　彼らの生きた戦後と祖国のまなざし

敗戦後，帰国せずにアジアの各戦地で生きることを選択した残留兵士たち。彼らはなぜ残留を決意し，どのような戦後を歩んだのか。そして，祖国の人々は，彼らをどう眼差してきたのか。聞き取りや文献，映像資料を駆使し，残留兵士の実像と表象に迫る。

ISBN978-4-7885-1793-6　四六判 352 頁・定価 3740 円（税込）

鳥谷昌幸

シンボル化の政治学　政治コミュニケーション研究の構成主義的展開

共通の認識や感情はいかにして集団の中から創出され，政治的な効力を発揮するのか。シンボル論という哲学的遺産を応用し，政治コミュニケーション研究の中核的な問いを追究する。この分野を根本から基礎付け直し，新たな展開へと牽引する意欲作。

ISBN978-4-7885-1784-4　A 5 判 336 頁・定価 3520 円（税込）

石井大智 編著／清 義明・安田峰俊・藤倉善郎 著

2ちゃん化する世界　匿名掲示板文化と社会運動

日本発の匿名掲示板文化は世界をどう変えたのか？　2ちゃんねると社会運動の歴史的経緯，匿名掲示板のグローバル化と陰謀論の隆盛から，日本のみならずアメリカや香港の政治・社会問題やデモへのつながりまで。気鋭の論者らがその功罪を問う。

ISBN978-4-7885-1798-1　四六判 240 頁・定価 2420 円（税込）

農業をしながら農業指導をし、そして農民と共に文化・芸術活動をして、理想郷を作ることを目指した。そのような賢治の生き方、あり方の中には、父親をモデルとし父親のように生きるという側面と、父親とは異なった生き方をするという側面が見られ、父親から大きな影響を受けていることが窺われる。

(1) モデルとしての父親——信念に従うこと、および献身的・愛他的に生きること

賢治が目指した生き方には、日蓮宗の影響を始め、それまで彼が学び経験してきたことの影響があると考えられるが、父親をモデルとして父親のように生きるという面もあるように思われる。

賢治は、時には他者のために自分を犠牲にすることも含めて他者・世界との共生を目指し、篤い信仰心をもって信念に従って生きていこうとした。彼の童話には、『グスコーブドリの伝記』のブドリや『銀河鉄道の夜』のカンパネルラや蠍のように、他の人のために自分の命を捧げる自己犠牲的な人物がしばしば登場する。そして彼自身も他者のためを思い他者に尽くそうとする人であり、東北の貧しい農民を助けようと肥料等について熱心に指導をし、死の二日前に身体の具合が悪いにもかかわらず相談にのったりしている。

賢治が愛他的で自分を犠牲にしても人に尽くそうとするのは、彼が熱心にかかわっていた仏教や、信者ではなかったが接する機会があったキリスト教からの影響があるし[注1]、また幼少期に添い寝をする母親からいつも「人は人のために何かしてあげるために生まれてきたのス」と言われていたというような育ち方をしてきたことが関与しているが、何よりも彼のために自己犠牲的に尽くしてくれた父親、自分の健康が脅かされることも恐れずに賢治の看病をしてくれた父親からの影響が大きいように思われる。我々はまわりの人の行動を見ることでその行動をするようになるとされる（モデリング）が、賢治にとって父親は愛他的・自己犠牲的なモデルであったと言える。

妹が東京で結核になり入院した時、上京して病院に泊まり込むのも、父親の要請もあったが父親の行動をモデルにした行動と言える。また彼は質屋になることを嫌ったが、職業として考えつくのは製飴業や人造宝石の販売等、事業を始めることであったし、生涯の最後に携わったのも石灰を売ることであり、職業に関してもモデリングがなされている。羅須地人協会で行った文化・芸術活動も、父親の文化・宗教活動を髣髴とさせる。父親のようになりたいという思いは子ども時代だけでなく、長じた後ももたれていたようであり、「おらは、お父さんになりたかったのス」と言い、童話を書くのも自分は子どもを持てそうもないので「童話を書くことで父親になれる」と言っていたとある（ここで言っている父親は、父親一般であって直接的に政二郎ということではないかもしれないが、賢治にとっての父親一般にはやはり政二郎の姿が大きく関与していると思われる）。

あるいは賢治が様々な困難に遭いながらも羅須地人協会の活動を続け、病気で倒れるまでやり続けたのも、信念に従って生きる父親を幼少時からずっと見てきたからである。そして篤い信仰心をもち、信仰に則った生活をしていた父親のように、彼も熱心な日蓮宗の信徒として生き、死の直前に題目を唱え、遺言でその頒布を依頼するのである。

(2) 反モデルとしての父親——俗世での成功ではなく理想郷を目指す生き方

一方で彼は、父親とは違う生き方をしようとした。第一に父親は「守銭奴ではない」と言いながらも農民の困窮に乗じて財をなしたのに対し、賢治は農民の生活を向上させ、農民を救うことを目指す生活をした。しかも彼は農民と同じような暮らしをし、農民と共に生きること、農民との共同性の中で生きようとした。

[注1] 賢治は中学時代英語教師の聖書購読に参加し、その後も教会の司祭と交流をもっていたし、6節で述べるように内村鑑三の高弟から子ども時代、そして農学校時代に影響を受けている。

第二に父親も賢治も自分を犠牲にしても他者のために尽くそうとする気持ちをもっていたが、父親の愛他行動は息子に向けられていたのに対し、賢治の場合はその対象は広く、苦境にある農民の生活をよりよいものにしようとしたし、世界全体が幸福にならないと自分も幸福にはならないと考え、世界の改革を目指す国柱会に夢中になった。

第三に父親は実業に長け、社会的に成功して名士になったが、賢治は社会の底辺にいる農民と共に生き、見田[9]の表現を借りれば「より下へ下へと下降し」、社会的に認められることを目指さなかった。そして父親は現実をしっかり見て、儲かるか役に立つかよく検討し、商人として成功し財をなしたが、賢治は何の役に立つかわからない詩を書くことに力を注いだ。彼の童話の登場人物は「本当のしあわせとは何か」を追い求めていたが、彼もそれを求め、父親とは違った生き方、父親や社会の価値基準から見れば「無」であるかもしれないような人生を生きようとしていたと思われる（6節参照）。

そのような父親のあり方、そしてその父親から受けた影響が現れている作品として、『貝の火』と『雨ニモマケズ』を取り上げ、以下に検討を行う。

5　『貝の火』における父親

（1）概要とテーマ

『貝の火』は大正9年、職業や宗教のことで父親と賢治の対立が激しかった頃に書かれた作品である。川で流されるひばりの子を助けた子ウサギのホモイは、王様から名誉ある「貝の火」を贈られる。それは褒美として贈られたものだが、単なる美しい宝ではなく、手入れ次第でどんなにも立派になる一方、ずっと火を燃え続けさせることは大変というものだった。ホモイは「貝の火」をもったことで、まわりから敬意を払われ傅かれるようになり、鼻高々といい気分になってしまう。そして邪悪な狐に誘われて悪さをし、「『貝の火』が消えてしまうぞ」と父親にたしなめられる。それでもホモイは悪いことをやめないが、父親の心配をよそに「貝の火」は美しく燃え続けていた。しかし五日目についに「貝の火」は光ることを止め、そして壊れてホモイの目に突き刺さり、飛んで行ってしまうという話である。

この作品に関する論評は色々あるが、そこに「詩人の自己処罰」（天沢[10]）を読み取ったり、あるいはホモイの慢心に対する「われた貝が眼に入って失明する」という報いが酷すぎるという批判が多くなされている（例えば秋枝、[11]西村、[12]矢野[13]）。また父親との対立が激しかった時に書かれていることもあり、ホモイには父親に対抗し父親を抜きたいという欲求や自分を認めさせたい気持ち、父親の方も息子よりも強い自分でいたい、抜かれまいとする気持ちが読み取れると論じられたりしている。[11][12]

以上のようにホモイが受けた罰のことや父子の葛藤に着目する論考が多いが、賢治がこの童話で描こうとしていることの中心は、父親のあり方なのではないか。名誉ある「貝の火」をもらってまわりから敬意を払われるようになり、いい気になって過ちを犯すような状態に置かれている息子に、父親がどう対処するかがこの童話のテーマなのだと考えられる。

そもそもホモイは「貝の火」をもらったが、「貝の火」を持続させるという課題は子どもが一人で担うには荷が重すぎるし、我が子が大きな賞をもらったことは親にとっても誇らしく、火を持続させることは親としての課題でもあった。特別なものをもらった子どもにその状況をどう説明し、さらなる善行をするようにどのように導くか。「貝の火」によって力をもち、皆から傅かれれば、いい気になってしまうのは子どもとしてはごく自然であるが、それをいかに防ぎ、よい行動をするようにさせるか。そして子どもの悪しき行動が『貝の火』に反映されないという状況に対し、どう対応するかという親のあり方が描かれていると考えられる。

(2) 父親の行動とその結果

両親は「貝の火」について説明し、どう振る舞ったらいいか忠告し、指示を与えている。しかしホモイは自分がもつ力が嬉しく、まわりの動物に威張り散らして無理なことまで命令するというような傲慢な行動をしてしまう。父親はホモイの命令に応じることができなかったもぐらが泣いていたことを告げ、彼の行動が不適切なことを伝える。但し父親は折角手にした「貝の火」を息子がなくすことへの不安が大きいためなのか、その不適切さを十分にわからせようとするよりも「お前はだめだ」と嘆きながら叱責するだけになってしまっている。

ホモイはさらに三日目には狐が盗んだ角パンをもらってくるし、四日目には狐と一緒にもぐらをいじめるという悪事を行う。それに対し、父親は「盗んだものは食べない」と角パンを投げつけ、あるいはいじめられたもぐらを助けて、ホモイの首筋をつかんで家に連れて帰るという実力行使をした上で、「お前はもうだめだ」と言い、「貝の火」を失うだろうと予測する。しかしその予測はまた外れる。三回も予測が外れて自分の判断に自信をなくした父親は、前日は投げつけた角パンを昼食に食べる。そして「狐に気をつけろ」と言うが、ホモイは「自分は、生まれつき『貝の火』と離れないようになっているから、何をしても大丈夫」と自信満々に言う。三回の経過ゆえに父親はそれを否定できなくなっており、「そうだといいな」としか言えない。

五日目には狐は動物園を作ろうと言い、網で鳥を捕まえる。家に帰ると貝が曇っていることにホモイは気づく。そして夜中に「貝の火」の火は消えてしまう。ホモイは父親に網のことを話す。父親はホモイに「狐と戦え」と言い、自分も手伝うと告げる。そして父親は網で捕らえられていた鳥たちを助ける。

家に戻ると「貝の火」は飛び散って、その破片がホモイの目を突き刺す。飛び散った破片が集まって元通りになると、「貝の火」は外に飛んでいってしまう。父親は「こんなことはどこにでもあるのだ。それをよくわかったお前はいちばん幸いなのだ」と言う。そして「目はきっとよくなる。お父さんがよくしてやるから」と言う。

この最後の場面がわかりにくいという論考は多い。父親の言っている「こんなこと」とは何か。なぜホモイは「貝の火」をなくし失明しても幸いなのか。「こんなこと」とは、折角いいことがあっても、だめになってしまうこと、幸いはちょっとした過ちで消えてしまうということであり、ホモイの「自分は特別なのだから何をやってもいいのだ」という奢りや慢心のために、「貝の火」は消えてしまったということであろうか。あるいは父親に関して言えば、自分の行動に対して権威者が返すフィードバックは時に気まぐれで、正当ではないこともあるということだろうか。父親は権威者の思いがけない対応に信念が揺らいでしまい、間違った行動をとってしまったが、そのことがわかって、以後は権威者からのフィードバックに頼らず自分の信念に基づいた行動をとろうと思ったということなのか。父親は「目はきっとよくなる。お父さんがよくしてやるから」と言っており、失明する程の大事ではないと考えているのか、あるいは失明したホモイにずっと寄り添って励まし続けるということなのだろうか。

ともかく『貝の火』の父親は信念をもち、それに従って行動し、子どもを導こうとする父親であり、権威者の思いがけない対応に信念が揺らいでしまったが、そのことに気づいて、以後は権威者に頼らず自分の信念に基づいた行動をとるだろうということ、そしてうまく導いてあげられずつらい目にあってしまった息子を父親は全力で支え続けるということを賢治は書いたのだと思われる。

(3) なぜ賢治はこの童話を書いたのか

しかしこの作品が書かれたのは、賢治が父親と激しくぶつかって日蓮宗への改宗を迫っていた時期であり、そのような状況を考えると、不思議な作品である。賢治は自分が正しくて、父親は間違っていると思って自信満々で改宗を迫っていたのだが、描かれているのは傲慢で過ちを犯してしまう息子と、それを防ごうとして失敗するが失意の息子を慰める父親である。現状がそのまま作品になるわけではないが、ホモイとその父は実際の賢治父子とは大きく異なっていると言わざるをえない。なぜ賢治はこのような童話を書いたのだろうか。

考えられる第一の可能性として、賢治は自分こそ正しいと強く思いながらも、一方で自分は傲慢で思い上がっているだけで、父親の生き方が正しいのかもしれないという不安、怖れを心のどこかで感じていて、それがこのような作品を作らせたということが考えられる。彼は父親を批判し、改宗を拒否する父親に怒りを感じつつ、信念を通す父親に尊敬の念をもち、自分のあり方に懐疑の念をもっていたのかもしれない。

第二に考えられるのは、賢治はホモイではなく父親の立場にあり、ホモイの父親の目指すものが賢治の目指す法華経の教えであるという可能性である。「貝の火」は俗世のまやかしの価値で、皆がそれを尊いものとみなし、父親もそれに振り回されてしまった。しかし父親はそのことに気づき、以後はまやかしの価値に惑わされず生きていくが、それは法華経に則って生きていこうとしている自分の姿であるということを描いたとも考えられる。

第三は『銀河鉄道の父』では触れられていないが、高等学校時代の親友が関与している可能性である。賢治は同人誌の仲間と深い交流をもつが、特に保阪嘉内という一年下の青年との交流は賢治にとって特別なもので、彼の人生に大きな意味をもつものであった。[注2] 嘉内も賢治と同様哲学や文学を愛する優秀な青年であったが、同人誌に「この国をくつがえすのは今だ、自分は皇帝だ」というような過激な論文を発表したことから、大正9年退学処分を受けてしまう。賢治の卒業の二日前のことだったにもかかわらず、自分も一緒に退学しようと考えるほど賢治はショックを受けるが、彼は嘉内の誇大な自己拡充をたしなめ、共に法華経の勉強をしようと呼びかけている。いい気になって傲慢に振る舞い苦境に陥るホモイは嘉内であり、その嘉内を止められなかった自分、そして苦境にある彼を励ます自

[注2] 二人の交流がいかに深いものであったかについては、菅原の評論 [7] [14] に詳しく述べられている。

分を父親として描いたとも考えられる。「私が治してやる」と父親はホモイに言うが、その父親は自分の病気に付き添ってくれた時の政次郎のようであり、賢治はその父親のように嘉内を励まし、ずっとついていてあげたいと思ったのではないだろうか。[注3]

ともあれ賢治は父親と日々激しい論争を繰り広げながら、一方で危機に瀕し苦境にある息子と彼を導き励まそうとする父親のあり方を考え童話にしていたと言える。短い童話であるが、そこに描かれた父親の背後には、厳しさと優しさを兼ね備え、信念をもって生きようとする彼の父親の姿が見られるように思われる。

6 『雨ニモマケズ』における父親

『雨ニモマケズ』は、多くの国語教科書に掲載され、誰もが知っている有名な詩である。その最後は「そういう人に私はなりたい」とあり、賢治が目指した生き方、献身的で清貧な生き方が詠われ、「明治以降の日本人が作った凡ゆる詩の中で、最高の詩」と評した谷川徹三をはじめ、多くの人々から賞賛されている。死の二年前、賢治35歳の時、病気が重くなって実家に戻り、病床で手帳になぐり書きされた作品であり、死後、弟の清六が遺品のトランクから見つけ、発表された。

本章では、まず『雨ニモマケズ』が書かれた状況やその背景について述べてから、あまり言及されることはないが父親からの影響について論じようと思う。

（1）書かれた状況とその背景

賢治にとって学校教師として過ごした四年間は最良の時期であったが、子どもたちに農業を勧めながら自分はそれをやらないことに後ろめたさを感じ、自分も農業に従事することを思い立つ。彼は祖父の別荘だった家を改築して一人で住み自炊をして、農民と共に農業をしながら貧しい彼らの生活を豊かにするような人生を歩もうと考えた。そして羅須地人協会を作り、農業に関する講義や農業指導、肥料の相談にのったり、農民と共に文化・

【注3】なお心を通わせていた嘉内と賢治は宗教的な違いのために、やがて決裂することになる。そして大正10年7月に再会するが、別れを決めて嘉内が出ていった時を詠った詩「われはダルケを名乗れるものと」に、「その時ガスのマントルが破れ」「網膜半ば奪われてその洞黒く錯乱せりし」という描写があり（菅原［7］）、親友との決裂により自分が受けた打撃・絶望が、ホモイの被った打撃になぞらえる形で表現されている。このことから、ホモイの目は失明したのではなく、受けた打撃から一時的に見えなくなったと賢治は考えていたようにも思われる。

芸術活動――レコード・コンサートや楽器の演奏、読書会や童話の朗読等――を行ったりし、理想郷を作って、そこで自分の考える理想的な生活をしようとした。そして農民と同じような厳しい労働を自らに課し（農民が仕事を終えるまで自分も帰らずに遅くまで作業を続けた）、貧しい農民と同様の栄養価の少ない質素な食生活を続けた。

しかし贅沢な生活に慣れていて、身体的にも弱い賢治にはそのような生活はきつかったし、極貧の農民と金持ちのエリート息子のそれまでの生活が違いすぎ、また彼は人々の内にとけこむことがむずかしい資質（見田[9]）であったため、実際に農民の中に入って共に生きることはむずかしかった。彼が行った文化・芸術活動も、例えば彼がチェロを弾き他の人と合奏するというようなことは、一部の余裕のある人にしかできない活動であり、苦しい生活を送る農民とは全く無縁のことであった。また自分が作った花やトマトを無償で農民に配ったりしたが、それは生活に困窮している農民にとってはありがたいものではなかった（吉田[15]に詳しい）。彼らにとって賢治のやっていることは「金持ちの道楽」にすぎず、彼を見る農民の目は冷ややかだった。肥料相談に関しては、頼まれて一時は200 0件もの設計書を書いて感謝されたこともあったが、困窮生活のために疑い深くなっていた農民のために何度も田畑を見回りに行かねばならなかったし、東北地方の天候や飢饉に苦しめられた。賢治は身体的にも精神的にも疲労困憊し、やがて病気が再発してしまう。

彼は実家で病臥することになり、羅須地人協会は二年でやめざるを得なくなる。その後小康を得て、父親の財力も借りて、砕石工場の技師として石灰等の宣伝販売の仕事をするが、無理がたたって東京で高熱を出して倒れ（彼は遺書を書いている）、また実家に戻る。

そのように目指していたことが叶わず病気もひどくなるという失意の中、それでも彼は病床で今まで書いてきた作品を推敲する生活をしていたが、東京で発熱して帰郷後一ヶ月半の時に『雨ニモマケズ』は書かれている。

（2）『雨ニモマケズ』の内容と父親

『雨ニモマケズ』は「そういう人に私はなりたい」という彼の願いを詠ったものだが、その中には、こうありたいと望んでいることだけでなく、実際に彼が実践していたこと、あるいは実践できなかったこと等様々のことが書かれている。例えば最初の四行「雨ニモマケズ風ニモマケズ～」は身体の弱い彼には決してできなかったことである一方、食事や住む場所等の暮らしは彼がやっていたことややろうとしていたことに近いし、「欲はなく～自分を勘定にいれず」はそうしたいといつも思っていたことなのだろう。また「東に～北に～」のようにまわりの人々に寄り添い手を差し伸べ励ます行動も、日常的に行いたいと思いつつ、なかなか実践にいたらなかったことなのだと思われる。

『雨ニモマケズ』にはモデルがいて、それは同郷のクリスチャンである斎藤宗次郎なのではないかという指摘がある（山折[16]）。宗次郎は内村鑑三の高弟であったが、賢治の父親と仲がよく、子ども時代から賢治は尊敬していたし、賢治が農学校の学生だった時は親しく付き合っていたという。宗次郎は小学校教諭であったが、小学校で聖書を教えたため退職になり、新聞販売を兼ねる書店を経営し、「雨の日も風の日も」新聞配達をしながらまわりの人々への奉仕活動や伝道を行っていた（その後東京に出て内村に最期まで仕え、敬虔なクリスチャンとして信仰に則った生涯を送った）。

「東に病気の子どもあれば行って看病してやり、西に疲れた母あれば行ってその稲の束を負い、南に死にそうな人あれば行ってこわがらなくていいといい、北に喧嘩や訴訟があれば、つまらないからやめろといい」と詠った時、斎藤宗次郎の行動を思い浮かべていたということは十分考えられる。しかし同時に、父親のことを思い浮かべていた可能性もあるように思われる。父親は賢治が病気になると取るものも取り敢えず看病に駆けつけてくれ、常に傍にいてつらさを共に担ってくれたし、今も病状が重い自分に「いい子だ、心配ない」と声をかけてくれている。また父親は民生委員・調停委員を長く務め、８００件もの紛争をまとめて、藍綬褒賞を受賞したとあり、「北に〜」の行動にも該当している。但し父親の場合は、その愛他行動は宗次郎のようにまわりの弱い人に向けるのではなく、主として息子の自分に向けられたものであったが、宗次郎の姿に自分のために懸命に尽くしてくれた優しい父親の姿が重なり、自分が目指してきたものは、実は父親の生き方の中にもあったのかもしれないと病床で思ったのではないか。東京で高熱を出した時に父親から受けた恩に対する感謝を遺書に綿々と書いていた賢治は、自分の生の根底には父親の自己犠牲的な奉仕があること、そしてそのように生き信念を貫いている父親への尊敬の思いを改めて自覚したのだと思われる。斎藤宗次郎はキリスト教、父親は浄土真宗、自分は日蓮宗とそれぞれ異なるが、他者に寄り添い奉仕しようとすること、そして信仰をもち信念に沿って生きるという生き方は共通している。上述の「欲はなく〜自分を勘定にいれず」も、自分に対する父親の態度から感じていたことであったのかもしれない。

一方、「日照りの夏には涙を流し、寒さの夏にはオロオロ歩く」とか、「皆に木偶の坊と呼ばれ、褒められもせず、苦にもされず」の部分は、父親とは大きく異なっている。父親は社会的に有能で、困難な状況も乗り越えて財をなし、社会でも名士として認められている。それに対し自分は全く違う人生を歩みたいのだと彼は詠う。農民のためになりたいと思っても、自然の脅威に対して全く無力で、できることと言えば涙を流しオロオロ歩くだけであるが、それでも静かに笑って自分の信じるものに向かって歩み続けよう。世の中の基準から見れば何の役にも立たないような木偶の坊でいい、人から社会から褒められたり貶されることにとらわれるのではなく、自分の中にある基準に則って生きよう。そのような望みが書かれているが、それは社会的成功者の父親とは違うという宣言なのではないだろうか。

なお「デクノボー」のモデルは法華経に書かれた常不動菩薩なのではないかという見解があるが[16][17]、常不動菩薩とは今福[17]によれば「誰をも軽蔑せず誰にたいしても礼拝し、無知だと罵られ石を投げられても決して怒ることなく、万人の罪を浄化しようとした修行僧」であり、賢治自身農民から理解されず、嫌がらせをされたり嘲笑されるようなつらい経験もしながら（吉田[15]）、常不動菩薩のようにありたいと思ったのだと思われる。

（3）『雨ニモマケズ』のあり方と賢治の生き方

「デクノボー」の言葉は非常に印象的であり、なぜ彼がこの言葉を使ったのか様々に論じられているが、「デクノボー」的あり方は賢治の実際の生き方と必ずしもつながらないように思われる。賢治は苦しい農民の生活の向上のため、そして人間が本当に幸福に生きる道を探して様々に活動し、肥料相談では農民に感謝され、自分が役立つことを喜んでいたようである。「何の役にもたたない」と言われながらも童話を書いていたのも、日蓮宗を広めるのに役立つと思っていたからであり、彼は「デクノボー」ではなく、父親とは違う形であるが世の中に役立つことを目指していた。童話の出版を弟に託したのも、宗教を伝えるためもあるかもしれないが、社会で認められ広く読まれることを望んでいたからだとも言える。

「褒められもせず」とあるが、彼は俗世の成功を求めることはなかったものの、褒められたい思いはむしろ強かったように思われる。彼が病身をおして石灰を売り歩いた（父親が商売のために駆け回ったように）のは、資金を都合してくれた父親に認めてもらいたかったということもあったのではないか。そして遺言として法華経の頒布を父親に依頼した時「おまえはえらい奴だ」と父親に言われて、「おらもとうとうお父さんに褒められた」と弟に笑って言ったとある。彼は父親の期待に沿いたい気持ちも強く、父親に褒められたことを喜んで死んでいったのである。

「デクノボー」や「褒められもせず」は必ずしも賢治の生き方を表すものではなく、『雨ニモマケズ』のその部分は、一時的、部分的な思いだった可能性がある。この詩は他の作品とは違って手帳になぐり書きしただけで推敲もされておらず、そのため「ヒドリ」と記されているところは「ヒデリ」の間違いである等、論争になっている。中村稔は「賢治がふと書き落とした過失」であり「取るに足らない作品」としているが、[4]賢治も一時の思いを書いただけで作品として残す気はなかったと考えられる。彼は父親に「自分の作品は迷いの跡だから捨ててほしい」と頼んだが、『雨ニモマケズ』こそ一時の迷いを詠ったものなのかもしれない。彼は「自分は父親とは違う」と詠いながら、父親から受けた庇護と影響を思い、だからこそますます自分が目指した父とは違った生き方を「デクノボー」の言葉を使う等して、声高に詠わざるをえなかったのだと思われる。

賢治の父親に対する気持ちには、吉本[8]が指摘するように常にアンビバレントなところがあったが、それが推敲されていない『雨ニモマケズ』に入り込んでしまったのではないか。そして死ぬ時も、父とは違った生き方を目指しながらできなかったという無念な思いと、父の庇護の下、父の子として死んでゆく安らかな気持ちを混在させていたのだと思われる（そのアンビバレントさは、彼が日蓮宗の経典の頒布を遺言で依頼し、その直前には大声でその題目を唱えていたことと、彼の葬儀が宮沢家の浄土真宗の菩提寺で営まれたことにも表れている）。

7　おわりに

賢治の父親は家業に精を出して社会的・経済的に活躍し、家庭においても父親役割を十分に担った人物であったが、賢治に嫌がる家業を継いでほしいと期待し、また帰依する宗派が異なり双方とも熱心な信徒であったため、父子間の対立や葛藤が大きかった。宮沢賢治については膨大な研究がなされているが、本章はそれらに連なる「宮沢賢治論」ではなく、大人のあり方を考えるにあたって賢治とその父親の関係について検討し、門井慶喜の小説『銀河鉄道の父』を中心に他の評論も参考にして、賢治にとって父親はどのような存在で、彼の生き方にどのような影響を与えたのかを考察したものである。

父親は生涯にわたって賢治に大きな影響を与えたが、父親がそれほどの影響力をもった大きな要因は、父親が信念をもって生きる厳しさや強さと、身をもって賢治を支えようとする優しさを併せ持ち、それが賢治に強く印象づけられていたことにあることを論じた。何があろうと自分の信念に従い自分を貫こうとし、一方で必要であればまわりの状況に合わせて自分を捨てることも厭わないという志向性。賢治の病気に際して自分の健康を危険に曝して看病した父親は、賢治の死後も同様な行動をしていることを最後に付け加えておきたい。熱心な浄土真宗の信徒であった父親は、賢治の死の十八年後、自身の死の六年前に日蓮宗に改宗し、宮沢家の墓を日蓮宗の寺に移したという〔山下[18]〕（『銀河鉄道の父』の最後も改宗をふと思いついたという場面である）。二人の間には宗教上の対立がずっとあったが、父親は最終的には息子に歩み寄り、息子の望みを叶えた。そしてそのように自分を貫きつつ他者のために自分を捨てて共生するあり方こそ賢治の目指す生き方であり、賢治とその父親は相互に影響しあい、同じような生を生きたのである。

4章　中村文則『私の消滅』における主人公の育ちと主体感の希求

中村文則著『私の消滅』（文藝春秋刊）

1　はじめに

主体性をもつこと、自分を「自分の意志をもつ一個の独立した主体」と感じ、自分の意志で行動することは、我々にとって非常に重要なことである。本章では自分が自分の行動の主体であるという感覚――「主体感」――と子どもの育ち、大人のあり方との関連について考えたいと思う。

世の中には、確かな主体感をもつ人と、不確かなものしかもてない人がいると思われる。自分の意志でやっていると感じている行動が成果をあげた時には、我々は意欲や自己尊重感を感じ、反対に思わしくない結果に対しては責任や罪悪感をもったりする。しかし他者に命令・指図されたり振り回されたりして、自分の意志で行動しているとは思えない場合もあり、そのような状況ばかりになってしまうと、自分の意志で行動することを諦めて、常に他者に従いあるいは期待されるように行動し、外的には問題が見えなくても内的には問題を抱えることになる。

本章では、なぜある者は確かな主体感をもてないのか、どのような育ちや経験がそれに影響するのかについて、心理学の知見を概観すると共に、中村文則の小説『私の消滅』[1]を事例として取り上げて考えてみようと思う。事例といっても、著者による創作であり、また特異な例であるが、現代の虐げられた者の心理やその病理を敏感にとらえ巧みに表現する作家によって、印象的にその問題が描かれているからである。

著者の中村文則は1977年生まれ、2002年『銃』でデヴューし、新潮新人賞を受ける。さらに『土の中の子供』で芥川賞（2005年）、『掏摸』で大江健三郎賞（2010年）、『私の消滅』でドゥマゴ文学賞（2016年）を受賞、アメリカでも賞を受け、近年注目されている作家である。彼が描く主人公は虐待を受ける等つらい人生を送ってきて、トラウマに翻弄されながら、それでも時に幸運な出会いがあり幸せな一時を過ごしたりするが、やっと手にしたそれを奪われてしまうという話が多い。悪意に満ちた残酷な世界に翻弄されてきた主人公は、自分が「悪」になって（『去年の冬、きみと別れ』[2]では「悪」をなす化物になるために恋人と別れる）他者に復讐をし、あるいは世界への憎悪から「悪」に志向する主人公もいる（例えば『悪意の手記』[3]）。虐待においては他者から全的に支配されて主体感をもてないが、主体感を感じることなく育つことがどのような行動をもたらすか、さらにどのような行動につながっていくのかが描かれている。

中村文則が描くのはそのように闇を抱えたつらい人生なのだが、主人公たちは自分を支えてくれる人や心惹かれる人に出会い、それまでとは異なった幸福感を味わったりすることもある。つらい思いをして絶望している人が「君はこの世に生まれてきたのだから、美しいもの、素晴らしいものを見るべきだ」というように助言される場面があるし[1]（『何もかも憂鬱な夜に』[4]にも同様な場面がある）、「あとがき」にも「この世界は時に残酷ですが、共に生きましょう」[1]とあり、暗い中にも希望が見える小説でもある。

さらに『私の消滅』は、心理学や脳科学の知見を使って「私とは何か?」を問う問題提起の書でもある。『去年の冬、きみと別れ』[2]でも、復讐を行う時「僕は僕であることを止めた」という場面があり、自分が変わるということの前駆が見られるが、『私の消滅』は「このページをめくれば、あなたはこれまでの人生のすべてを失うかもしれない」という文章で始まり、「これまでの人生のすべてを失い、別の自分になる」ためのECT（脳への電撃）のボタンを精神科医である主人公が押すところで終わっている。「私とは何か」という古くからの哲学や心理学の問題に対して、脳内の記憶を入れ替えることにより別の私になるという新しい観点が提示される。

そのように『私の消滅』の主人公は衝撃的で不気味な行動をとるが、それは主体感をもてない者によく見られる主体感の希求のための行動であることを示そうと思う。そのような歪んだ行動は多くの問題行動にしばしば見られるが、それが『私の消滅』では徹底的に、しかも脳を操作するという新しい方法――SF的だが、現実にも起こりうると感じさせる方法――を使ってなされる。そしてその手法を自分に対してまで使い、自分のあり方を全的に自分でコントロールしようとする主人公が描かれる。

本稿では、まず中村文則の著書『私の消滅』の概要を述べてから、主体感と関連する心理学的な知見について概観し、その後主人公の育ちと主体感のもたれ方の関係、そして彼がとった行動を主体感の観点から考察する。

2 『私の消滅』の概要

1から15の章とその間に9つの手記、手紙やメール、添付資料がはさまるという複雑な構成の小説で、15の章の文中の「私」が誰で、誰が書いているのか読者にはなかなかわからない。しかしこの小説の主人公は精神科医小塚亮太のようであり、その生い立ちや現在に至るまでの出来事や状況が書かれているということはすぐにわかる。そして読み進めていくうちに、手記とその他の資料は小塚が書いたものである一方、1章から15章の語り手は、はじめのうちは別の人物だが徐々に小塚本人のようになっていき、彼の物語を脳内に埋め込もうとされた者の語りであることがわかってくる。その語り手が死亡した後に、第三者（著者）の視点から物語の全体像が語られ、著者（小塚）は「私」を「消滅」させるボタンを押す。

小塚亮太は母親の再婚後、暴力的な養父や一緒に住む祖母、妹から疎まれていたが、彼の行為が妹が崖から落ちることにつながり、妹は怪我をしてしまうという事件が起こる。そのことで母親は父親に殴られ、二人は家を出る。母親はスナックに勤めて男ができ、男たちは家に来て性行為をするようになる。彼らは暴力的で、母親が暴力と性行為の対象になるのを亮太は日常的に目にする。ある時、亮太が酔った母親を押した時、壁にぶつかった母親が誘うような眼をした気がして、亮太は怒りを覚え、母親に怪我をさせてしまう。彼は児童自立支援施設に送られ、その後引き取りを打診された母親がそれを拒否したため、養護施設で暮らすことになる。

精神科医の診察を受け、問題があるため、内面の修復が試みられる。その後精神科医の提案により、同僚の精神科医に養子として引き取られることになる。彼はその家庭で育ち、精神科医になる（彼を診察した精神科医吉見は悪意から人を操ろうとする人間で、内面修復のために催眠によって記憶を曖昧にすると共に、面白半分で母親と性行為をしたと思わせ——そのために彼は性において問題をもってしまう——、その結果を見るために同僚に引き取ってもらったことが、後にわかる）。

　ゆかりという若い女性が診察に来て、小塚は恋に落ちる。彼女はつらい経験のために鬱になっているのだが（実はゆかりは吉見の患者で、吉見はトラウマになっている経験を忘れさせるためにＥＣＴと催眠をかけ、それと共に自分と性行為をしたと思わせる）、吉見は小塚に埋め込んだもの（自分は母親と性行為をしたという偽の記憶）の効果を見るために、ゆかりを小塚のところに送り込んだのである。小塚はゆかりに夢中になり、ゆかりを苦しみから救うために、ＥＣＴをかけることにする。その結果彼女は過去のつらい経験を忘れるが、それだけでなくすべての記憶を失い、小塚のことも全くわからなくなってしまう。

　ゆかりはカフェに勤め、その店長の和久井と恋仲になる。しかし吉見は、以前ゆかりの醜態をヴィデオに撮った間宮と木田を見つけ、ゆかりの居場所を教える。間宮と木田によって、ゆかりは忘れていた過去を思い出し、自殺してしまう。

　愛するゆかりを失った小塚と和久井は、協力して間宮と木田に復讐をすることにする。彼らに強いＥＣＴをかけて記憶を消し、催眠によって小塚の記憶を埋め込むことにする（その過程を間宮が語ったのが1～15章である）。木田はＥＣＴが強すぎて廃人になり、間宮も徐々に小塚のようになっていき、小塚がかける催眠に従う形で、ゆかりの代わりになると言って首を吊る。小塚に偽りの記憶を植えつけた吉見は木田に殺させる。

復讐は成功する。「このままだと自分が死んで終りだろう。自分の人生の結末。でもそうなるわけにはいかなかった。そうすれば自分はこの世界に敗北したことになる。だからECTの機械の前にいた」。小塚は自らECTをかけて、平凡に育った人物になることにする。「一度は別の人生を望んでみたかった。これまで経験することのなかったこの世界の何かの平穏を――」「失敗したら、精神科医として患者を治す存在としてだけ生きる」、そう言ってECTのボタンを押すところで小説は終わる。

3　主体感の定義、および主体感と関連する心理学的知見

小説の分析に入る前に、本章で使われる主体感の定義と、主体感と関連する心理学的知見について述べておく。次節からは、それらを踏まえて分析を行う。

山岸[5]は「主体感（sense of agency）」の概念を提示し、エリクソンの自我発達理論[6]の青年期までを「自分がある」という感覚＝「主体感」の変化の問題としてとらえる試みを行っている。そこでは主体感とは「自分の行動が外界に何らかの変化をもたらしたと認知された時に経験される、変化の原因、主体（agent）は自分であるという感覚」と定義されて

いる。その理論的背景としてホワイトのコンピタンス[7]や、ロッターの内的統制[8]、ド・シャームの自己原因性や指し手[9]、バンデューラの自己効力感（self efficacy）[10]などがあげられており、個人の内的な経験であると同時に、個人が行動し外界に変化をもたらすという外的出来事に支えられた客観的な経験でもある。

主体感を経験するためには、（1）自分の行動が何らかの成果をあげたと感じられること、及び（2）その行動の源泉、主体は自分であると感じられること、が必要である。そして主体感を経験した時に、我々は「自分がある」という感覚や自己尊重感をもつ。

心理学では長い間、生まれた時は自分と他者、あるいは自分と外界との区別はなく、「自分」を知覚するまでにはかなりの年月が必要とされてきた。それに対し、最近の乳児の知覚・認知発達の研究によると、乳児は外界とかかわる中で外界と同時に自己も知覚していることが示されている[11]。つまり自分の運動がもたらす結果――運動に対して返ってくる外界からのフィードバックや、自分の内部からの刺激――を感覚器官がとらえることによって、外界と自己を同時に知覚し、かなり早期から成熟した身体的な自己意識をもち、外界とは異なり外界とかかわるものとしての自分を感じるようになっていると考えられている。自分の姿を自分だとわかるようになるのは、鏡映自己像の実験（鏡に映った自分の像への反応からそれを見る実験）が明らかにしているように18～24か月頃であるが、外界にかかわり外界に変化をもたらすものとしての自分の経験はより早期からなされていると考えられる。[11]

ナイサー[12]は自己を五つに分類したが、その一つの「生態学的自己」——視覚、聴覚、内受容感覚などによる物理的環境の知覚に基づく自己——は、そのような自己に該当していると考えられる。またギャラガー[13]は自己意識をミニマル・セルフ（minimal self）とナラティヴ・セルフ（narrative self）に分けて考えているが、ナラティヴ・セルフは物語られる自己で「永続的に存在するもの」で、エリクソンのアイデンティティに近い概念と考えられる。それに対し、ミニマル・セルフとは「一時的なその場限りの自己」であるとされる。ナラティヴ・セルフは言語が必要であるが、ミニマル・セルフは言語がなくても成立するため、より早期からもたれると考えられる。ミニマル・セルフは自己主体感（sense of self-agency）と自己所有感（sense of self-ownership）から成っているとされる。自己主体感は「ある行為を自分で行っている」という感覚で、例えば「手を挙げる」という行為に対し「自分が手を挙げた」という感覚であるのに対し、自己所有感は「ある行為が自分の身体で行われている」という感覚で、「挙がったのは自分の手である」という感覚である。

「生態学的自己」もミニマル・セルフの自己主体感も、自分が行動の主体であるという感覚を含んでおり、上述の主体感の定義の（2）に該当し、本章で言う「主体感」に近いと言える。但し定義（1）の「自分の行動が何らかの成果をあげたと感じられる」ということは含まれていない。本章で言う「主体感」は、単に「自分がある」と感じるだけではなく、自分が確かに何かを成し遂げたという喜びや誇りの経験を伴うものである。

「何かを成し遂げた」という主体感は、外界に対するかかわりにおいて外界が思うように変化した時に経験されるが、対人的なことに関しては、主体感は自分の働きかけによって他者が自分が思うように応じてくれた時に経験される。山岸はこの二つの主体感を、対物的主体感と対人的主体感としている。[5]

エリクソンによれば、乳児は養育者からの世話を受け、自分の欲求を受け止めて満たしてもらうことから、自分が訴えればその人は応じてくれるという信頼感（基本的信頼）をもつようになるとされるが、これが対人的主体感の元である。当初は「他者」という認識はなく、自他は必ずしも明確に分化しているわけではないが、自分とは異なる「よきもの」──自分に応じてくれる存在──を感じていると言える。（自他の分化が明確になっていく過程については、マーラー[14]が分離・個体化の過程として理論化し、母子一体の状態から徐々にそれが分化し、2歳頃には自分が母親とは別の一個の存在であることがわかるようになるとした。）

エリクソンの第二段階の自律期は、自他の区別が明確化し、「自分」の意志が重要になる時期である。身体の筋肉や神経系の成熟により、排泄をコントロールできる（あるいは歩行により自分の意志で自由に移動できる）ようになると、自分の身体や欲求をコントロールすることに喜びや誇りを感じ、何でも自分でやりたいという気持ちをもつ。「第一次反抗期」の反抗も、自分が意志をもつこと、自分の行動は自分が決めることを確かに感じるためになされると考えられる。この時期目指される自律感は、乳児期の漠然とした「自分」がより明確になった主体感と言える。

このように幼少期から主体感の経験は可能で、自分なりに自分の行動の結果を見て「自分がやったのだ」という思いをもち、行為の主体としての自己の経験を重ねていく。

しかし幼少期の子どもはまだ未熟であり、単純な狭い範囲の対物的主体感は一人で経験できても、外界への働きかけが複雑化したり範囲が広まれば、大人による援助や承認が必要になる。例えば排泄のコントロールに関してもはじめのうちは、成功しても自分だけでは「できた」という感じは不十分で、母親による承認「すごいね。よくできたわね」によって誇らしい主体感になる。一方失敗すれば（早すぎる訓練や厳しすぎるしつけはそれをもたらす）、自分は自分をコントロールできず、自分の行動の主体にはなれないのではないかという「恥・疑惑」の経験になってしまう。大人の対応によっては、主体感は経験できず、自律性も育たないのである。

子どもが主体感を経験ができるかどうかは、対人的主体感はもちろん、対物的主体感にもまわりの大人の対応が関係していると言える。子どもは大人の承認に支えられて自分の行動が成果をあげたことを確かに感じるのだが、まわりの大人は承認することで直接的に主体感の経験を支援するだけでなく、安定した世界を提供することで、子どもが「こうすればできる」という見通しをもち、「自分はできる」という思いをもてるようにして、成果をあげる基盤を作るという支援もしており、さらに「主体は自分である」と感じられるようなしっかりとした自我の発達を促す支援もしているのである。

「こうすればできる」という見通しをもつことができ、「自分はできる」という思いをもてることの重要性を、アントノフスキーは首尾一貫感覚（sense of coherence）という概念で示している。[15] アントノフスキーはナチスの強制収容所からの生還者群のうち、精神的に健康な者を検討する中で、精神的健康をもたらすキー概念として（1）把握可能感、（2）処理可能感、（3）有意味感からなる首尾一貫感覚を提唱した。

把握可能感とは、世界は秩序づけられていて、予測可能で理解できるものであるという感覚であり、自分の内外で生じる環境刺激は予測と説明が可能であるという確信である。処理可能感は、問題を処理するための資源が自分のコントロール下に十分にあり、いつでも自由に使えるという確信、有意味感は、問題の処理はエネルギーを投入するに値し、かかわる価値があり、歓迎すべき挑戦と感じていることである。

主体感は（1）自分の行動が成果をあげたと感じられ、（2）その行動の源泉、主体は自分であると感じられる時に経験されるが、その経験の基盤には、把握可能な世界で自分が意味あることをできそうだという首尾一貫感覚があり、それに基づいて行動し、主体感の経験を重ねる中で、確かな自分、行動の主体としての自分をより明確に感じるようになるのだと言える。

4　主人公の育ちと主体感

『私の消滅』の主人公小塚はどのように育ち、それがどのような主体感の経験をもたらしたのかに関して、著者の創作ではあるがそこから読み取れることを述べてみる。主人公の育ちに関する情報は、わずか20数ページの主人公による手記1と2に限られ、それも復讐のために自分の心にある闇や恐怖を他者に埋め込むために書かれたものであるが、それでも彼の育ちの問題の核心は表されていると思われる。但しそれは大人になっても主人公をずっと脅かしてきた小三から小五の時のエピソードの語りが主であり、幼少期がどのようだったかはわからない[注1]。母親は彼を連れて再婚したが、「四人家族ならいいのに余計な者がいる」と言われ、父親とその親である祖母、父親の娘である妹から疎まれる日々であった。母親が唯一の味方だったと思われるが、父親から咎められ暴力を振るわれていた母親は、主人公に安定した居場所を提供することはできないし、心に余裕がないため彼の要求に適切に応じたりすることはできなかったようである。怖い思いをして、母親の慰めを求めにいくが、父母はけんかの最中でそばに行くことができないという挿話が語られている。彼は欲求に応じてもらえるという安心感や対人的主体感をもてなかった。

主人公はいつも妹から「たたかれた」と告げ口をされ、そのことで母親は父親に責められ、主人公は祖母から体罰を受けていた。実際には妹をたたいたことなどなく、祖母も時にそのことに気づき、体罰を与えるふりをするだけのこともあったとある。彼は自分がたたいたとは思っていなかったが、たたいたことの罪悪感は感じていたという。自分の行動と外界からのフィードバックに齟齬があるため（一度もたたいたことはないのに、いつもたたいたことで咎められる）、自分は外界に対して何をしたのかが不鮮明になり、自分が自分の行動の主体であるという経験が歪んでしまったと思われる。

【注1】小塚はゆかりに親密な暖かい思いをもち、和久井とも心がつながっていたし、母親も酒と男に溺れてしまっていたが、暴力を振るう男から小塚を必死に守ろうともしてくれており、幼少期には母親とよい関係をもっていたと考えられる。

彼は妹が崖から落ちるのを恐れる一方で、妹が落ちるような状況を作り、妹の肩を掴むが、それを振り払おうとした妹は崖から落ちて怪我をする。落とす意図はなかったのに、結果的に落ちてしまい、彼が落としたことにされる。ここでも自分が外界に働きかけたことの結果と、彼の意図が大きく食い違っている（但し、実は彼が意図をもって突き落とした可能性も否定できない[注2]）。

自分が外界に対して何をなしたのかが不鮮明であり、まわりから疎まれ、自分の呼びかけに応えてくれる他者もいない状況では、主体感の経験はむずかしいと言える。そしてこのことの基盤には首尾一貫感覚をまわりの大人から与えてもらえないということがあると思われる。子どもが把握可能感を感じるためには、自分の行動の結果を明確化したり、世界の仕組みの理解を助けてくれる他者が必要なのに、彼にはそれがないし[注3]、さらに把握をむずかしくするような経験も多い。子どもにとって両親の性交渉場面は了解不能だが、主人公はそれを目にし、また母親は父親から暴力を受けながら、その苦しみの声がいつの間にか快感の声になったりする場面にも出会っている。その後も母親が多くの男と暴力と性の混合のような営みを繰り返すのを、彼は何度も見る。そもそも世界は子どもにはわからないことで満ちているが、子どもはわかる世界を自分の世界として生きていく。しかし彼が生きる世界は混沌としていて、身のまわりの世界も自分の行動に応じてフィードバックを返してくれるという了解可能なものではない。わけのわからない世界では、人は自分の行動の主体にはなりえず、自分が何をしたらいいのかも全くわからない。[注4]

性の目覚めや精通に対する戸惑いも小学生の彼を混乱させるものだった。それは自分のコントロールを超えたことであり、それまでに経験したことのないことゆえに、誰もが戸惑うと思われるが、彼の場合世界が混沌としていて、自分の行動が世界とどうかかわるのかに関しても混乱しているため（そして話し合う友人もいない）、戸惑いが大きかったと言える。

母親を押し倒した時、母親が性的に誘惑した気がして怒りを感じた主人公は、（直接暴力を振るったのではなく、飛び散った食器の破片によってではあるが）母親に怪我をさせてしまう。母親の額から血が流れているのを見た時、「自分の想いがついに到達したと思ったという感覚をもった」と主人公は書いている。また妹が落ちていく時にも同様に、「喉の

[注2] その時小塚は「黒い線が伸びる」のを見るが、その後も攻撃性が発動し悪が実現化する時にこの表現がなされており、著者はこの場面を小塚の意図的な攻撃であると考えている可能性がある。

[注3] 学校や仲間集団というような家族以外の世界もあるはずだが、混乱していた彼にとっては意味をもたなかったのだろう。

[注4] フィードバックがランダムに変わることが人に対して与える破壊的影響について、著者は洗脳の歴史のところで述べている。

つかえがすっと下に降りていく」と感じたとある。自分が世界とどうかかわっているのかわからない主人公は、妹が崖から落ちていく、あるいは母親が額から血を流すという明確で鮮烈な結果を得た時に、やっと自分のかかわりによる主体感を疑似経験できたのではないか（自分の意志だったのかはわからないが、何かすごいことができたという感覚があったのだろう）。彼は「打たれる者から打つ者へと変わる安堵感を感じた」と書いているが、やっと主体感を経験できる側に立てたという安堵感なのだと思われる。

この手記から窺われる彼の生育過程の問題点は、自分の意図に基づく外界への働きかけに対するフィードバックが歪んでいたこと、対人的応答性をもてず、また首尾一貫感覚ももてなかったため、主体感の経験に問題があったこと、そして鮮烈な結果によって不明瞭な主体感が補われ、必ずしも主体的にやったわけではないが、悪をなしたという強い主体感を経験し、それが快感を伴う不気味な記憶として心に刻まれたということである。[注5]

その後、彼は施設に送られ、それまでの問題を修正する試みがなされ、そして精神科医の養子になる。その頃の記述は全くないが、ごく普通の対人的応答性のある家庭で構造化され安定した環境が提供され、きちんとした教育を受けて、世界は了解可能なものになっていったと考えられる。様々な経験をし、必要時には適度な援助も受け、自分は問題を処理できるという感覚や、意味あることをなしうるという感覚も身につけ、徐々に首尾一貫感覚をもつようになり、そして精神科医になることでその傾向はさらに高まったと思われる。但し生育の過程に見られる問題は彼の自我発達に影響を与えたと思われるし、また小学五年過ぎまで了解不能な世界に生き主体感をもてずに振り回されていた過去の記憶があり、それが心の奥でくすぶっていた。

5　主人公のとった行動と主体感

小塚の心には幼少期の歪んだ育ちに由来する問題があったが、成人後は精神科医として問題を露呈することなく生きていたと思われる。ゆかりと出会い、それまでにはなかった幸せな時を手にするが、彼自身が施した治療のためのＥＣＴが彼女の記憶を消してしまい、彼女は彼の下を去ることになってしまう。ゆかりは和久井を愛するようになり、小塚は失

［注５］　彼が幼女連続殺人犯の宮崎勤に興味をもち、手記３と４でその分析をしているのは、自分の心にある歪みが悪に導いたということと、性において問題を抱えていたということで共通性を感じていたからだと思われる。しかし、宮崎がネズミ人間にやらされたと感じているのに対し、彼の場合はすべて自分の意志であるという意味では正反対であると言える。

恋という強いストレスに見舞われるが、しかし絶望的になったり、ゆかりの恋人になった和久井を恨んだりすることもなく、二人を穏やかに見守る。強いストレスにもかかわらず、健康的な対処ができており、首尾一貫感覚が強いことが予想される。

しかしゆかりが木田と間宮によって理不尽に自殺に追い込まれると、小塚は強い怒りに見舞われる。許すことなどできない、復讐したいと思うが、生きようとするエネルギーが稀薄化し死を望むようになって、吉見のところに治療を受けに行く。吉見は自分がやってきたこと――小塚に偽りの記憶を植えつけたこと、患者に偽りの情報を与えて破滅させたこと――を話し、小塚に悪を取り込んで「不幸の下敷きになるのでなく、不幸を作り出す根源になること」を勧める。その後小塚は、自分が死ぬことにも彼らを殺すことにも興味を失うが、「私」を彼らに埋め込むことを思いつくと、和久井の協力を得て、精力的に動き出す。

精神科医である彼は、愛する人を死に追いやった二人への復讐に、ECTによって記憶を曖昧にし、催眠によって人の意識に働きかけるという専門的なスキルを行使する。それはゆかりの治療に使っていた方法であり、彼自身の治療にも使われていたのだが、それをより強く、治療ではなく彼らを苦しめるためにやるのである。彼らの記憶を脳内から消し、自分のつらかった人生を埋め込み、その後和久井の望みを満たすために彼らを死へ誘う。

小塚は悪意をもつ他者の気まぐれによって蹂躙され、つらい思いをさせられてきた。自分が自分の行為や感情の主体であるということを歪められ、他者に振り回され、他者の思惑に従わされる人生だった。なんとか主体感を取り戻したと思っていたのだが、再び他者に蹂躙されたと感じた小塚は、吉見の言うように自分が他者を蹂躙する側になろうとし、過剰な主体感――神がもつような主体感――を求め、他者を自分の意のままにすることを試みる（中村文則の作品にはそのような人物がしばしば登場する）。この小説では、ECTを用いて「彼らがこれまで生きてきた人生をすべて破壊し、私の人生そのものをその闇と共に彼らの中に埋め込み」「自分が体験した悪夢を体験させて、それによって内面をつぶす」ことが目指される。それは他者を全的に支配することである。小塚は彼らが変わっていく過程を、彼を痛めつけ、損なってきた吉見のように高揚した気分で冷静に見ている。それは歪んだ形での「行為の主体としての自己」の経験のように思われる。

彼は二人を苦しめる復讐としてその方法を選んだが、「苦しめる」という意味では必ずしも最適の方法ではないと思われる。なぜなら、彼らの過去も小塚のものと同様（もしかしたらそれ以上に）悪夢のようだったかもしれないからである。死ぬ直前に、自分の人生をなくし他の人生を与えられることが、彼らの場合苦しみを大きくするとは思えない（麻酔なしでECTを施されたり、罰として電撃を与えられることでの苦痛は大きかったようだが）。

しかし他者を全的に支配するという観点からは成功していると言える。

小塚が絶望から死ぬのではなく、今までの自分を消滅させて生きることを選んだのは、「自分が死ぬことはこの世界に敗北したことであり、そうなるわけにはいかない」という思いからだった。小塚は他者の悪意によって翻弄されるが、その背後には神がいて、神によって翻弄されたという思いがある。自分の人生を思うままに操る神から、人生を取り戻し、そして「こういう人生を歩みたかったというささやかな自分の願望」を叶えようとする。同じようなことを、彼はゆかりに語りかけてもいる。「きみは生まれてきたのだからこの世界を楽しんでもいいはずだ。たとえこの世界が残酷でも、僕たちはやっていけるのだ。人生で不幸に見舞われたとしても、そんなものは消すことができる。〜(略)〜神が望んでも、人間がそれに付き合う必要はないのだ」。

つまり主人公が望んだのは、「私の消滅」により得られる主体感の経験であったと考えられる。主人公は復讐のために他者を完全に支配することを望み、そしてたとえ「私」が消滅しようとも、自分の人生を自分が選ぶこと、神ではなく、自分が自分の人生を全的に決めることを望んだ。自分の人生を自分が選ぶことはアイデンティティの達成の一要素であるが、アイデンティティの場合は、過去[16]―現在―未来の自分を考え、不変性・連続性をもち自分らしさを保った自分を選択するのだが、小塚は過去・現在の自分(ナラティヴ・

セルフ）はすべて棄て、自分らしくどう生きるかという未来の自分とも無関係に、ただ静かに生きるということだけで、無造作に自分を選ぶのである。彼は「自分」が消滅しても（過去からの自分がなくなり、自分が誰だかわからなくなっても）、一時の主体感を感じたかったのであり、彼がなしたのは究極の主体感の経験であった。彼は我々が通常自己そのものと考えているアイデンティティやナラティヴ・セルフではなく、一時的なミニマル・セルフや主体感の充実を選んだという点で、この小説は読者に衝撃を与える。

しかしその決断はよかったのだろうか、どうしても受け入れられないくらいつらいこと、ひどいことに出会った時、人は（1）回避する・逃げる、（2）無意識層に抑圧する、あるいは自分から切り離す（解離）、情緒を除くというような対処をせざるをえないが、（3）語り直しや再解釈によって受け入れられるような形にして、何とか（他者の助けを得る等して）自分の経験として受け入れることが可能な場合もある。[17] 復讐をして、自分はアイデンティティを棄て他の人生に逃げるという手段をとる前に、精神科医の主人公は（3）の方法を試みることが可能だったと思われる。また彼は直接殺してはいないが、彼の意図通りに復讐は遂行され、三人に死をもたらしている。彼はその後、その記憶をなくすため意識的には罪悪感をもつことはないが、無意識の中に残る可能性はあるし、やがて記憶が戻ることもありうる。彼はゆかりを救いたかったし、母親も救いたかった（ゆかりを救いたかったのは、実は母親を救いたかったからだと思う箇所がある）。それはもうできないことだが、精神科医として、同じように苦しむ人を救うことができる立場にあり（そのことで自らの苦しみが癒える可能性もある）、肯定的な形で社会に位置づいて、地道な主体感をもつ人生を送ることができたように思われる。

主体感に問題がある事例として中村文則の『私の消滅』の主人公を取り上げて、なぜ彼の生が不安定なものになったのかを主体感の観点から検討し、何が主体感の経験をむずかしくしたのか、それを補うために彼は何をしたのかの分析を行った。彼の行った衝撃的な「私の消滅」は、彼の育ちがもたらした主体感の歪みに基づいていて、確かな主体感を希求するための方法であったこと、彼にとって自分の連続的なアイデンティティよりも、その時々の主体感の方が重要であることを指摘した。

5章　村上春樹の作品における「大人」

——「大人になること」と「大人であること」をめぐって

村上春樹著『海辺のカフカ 上』（新潮社刊）

村上春樹著『1Q84 BOOK 1』（新潮社刊）

村上春樹著『騎士団長殺し 第1部 顕れるイデア編［上］』（新潮社刊）

1　はじめに

村上春樹は『風の歌を聴け』[1]（1979年）でのデヴュー以来、エリック・エリクソンの言う同一性拡散[注1]の状態にある者を描くことの多い作家である。主人公は『風の歌を聴け』では著者と同年齢の29歳だったが、その後は著者の年齢にかかわらず35〜36歳であることが多い。彼らは大人の年齢であるが定職につこうとせず、社会に位置づいていない人物で、心理・社会的にはまだ「青年」である。社会での役割や責任をもたないため自由である一方、心理的、社会的に不安定な状態にあり、「自分とは何か」「どう生きていくか」を模索している。彼らの周囲の人々も同一性拡散状態にある者が多い。

村上春樹の長編小説の登場人物は、その幼少期を言及されることはなく、彼らの生育歴——どのように育ってきたのか——は、『海辺のカフカ』[4]（2002年）までは語られることはなかった。それなりに問題もあるのだろうが特記するほどではないし、青年期危機が長引いていることと生育過程の関連については考えないというスタンスなのだと思われる。そして主人公の友人や恋人の記述が多い一方、大人の記述は少ない。特に親がどのような者で、どのような環境でどのように育てられたのかという発達心理学的視点は見られない。大人は登場しても重要性がなかったり、あるいは悪を担う存在であり、大人としての役割を担いそれを果たすというような肯定的な形で出てくることはほとんどなかった。

それが大きく変わるのが『アンダーグラウンド』[5]（1997年）と『神の子どもたちはみな踊る』[6]（2000年）であり、社会で地道に働く人、自分の責任を果たす真っ当な「大人」が登場し、それまで距離をおいて見ていた社会が、そのような人々によって成立していること、そのことを肯定的にとらえる新しい視点が提示される。そのことは村上春樹自身によって「デタッチメントからコミットメントへ」[7][注2]157ページと語られ、以後の作品の方向性が示されたと言える。

しかしその後最初に書かれた長編『海辺のカフカ』では、世界に肯定的にコミットしている大人ではなく、親としての責任を担わない「大人」が登場する。それまでは描かれる

[注1] エリクソンの自我発達理論[2][3]の青年期の発達課題である「同一性達成」の対立概念で、自分が何者なのかわからない、社会にどう位置づいたらいいのかわからない状態で、青年期は「同一性達成対拡散」の危機を乗り越えて「確かな自分」を確立する時期とされる。同一性拡散は青年期に広く見られるものだが、その状態が続いてしまうと、同一性拡散症候群という病理的なもの（例えばスチューデント・アパシー）になっていく。村上春樹の小説の登場人物にはその傾向をもつ者が多い。

ことのなかった主人公の父母が初めて明確な姿で登場し、その下で生育し歪められた主人公の過去が語られる。両親は気持ちや思考が「自分」に中心化した（多分に青年期的な）身勝手な大人であり、親の役割を担わず、自分の欲望や救いのために子どもを利用し、スポイルする大人が描かれる。

『海辺のカフカ』は、そのような親からの配慮のない状態（それを補う大人もいない）で育ち、損なわれてしまった主人公が、それにもかかわらず危機を乗り越える話であるが、この路線は『1Q84』（2009-2010年）[8]でも踏襲されている。『1Q84』の二人の主人公——青豆と天吾——も、共に大人からの配慮が不十分な不幸な幼少期を過ごし、どちらも自分の力でそこを飛び出し、孤独の中でなんとか生きる術を身につけて、必死に生きようとしている30歳である。「大人なしで生きる」というテーマは引き継がれているが、この小説は「デタッチメントからコミットメントへ」が描かれており、二人の主人公は紆余曲折を経て、長い小説の最後では親になることを引き受けて（天吾の場合は自分の子どもではない子の親になる）、「大人」としての責任を担って生きていこうとする。自分の子どもではない子の父親になることを決意するという主題は、2000年の短編『蜂蜜パイ』[9]ですでに出てきていたが、さらに2017年刊行の『騎士団長殺し』[10]においても、主人公は離婚しかかっていた妻のお腹にいる自分の子どもではない子の父親になることを引き受け、妻と共に生きていく決意をしている。

本章では、上に概略を記した村上春樹の作品における「大人になること」「大人であること」がどう描かれているか、その変化と、何がそれをもたらしたのかについて、発達心理学的観点から考察を行う。

2 村上春樹が描く「大人」――主人公にとっての「大人」

青年期は、身体的・性的には成熟を迎えるが、心理・社会的にはまだ大人ではないとい

〔注2〕河合・村上〔7〕では初めのタイトルが「コミットメント」で、著者二人のコミットメントのとらえ方も「脚注」としてあげられており、大きな意味をもっているようである。そこで言われているのは、「離れていてかかわらない」（＝デタッチメント）と対応する「何かにかかわること」であり、日本では「コミットするルールがあまりできていない」「コミットするとベタベタになる」というように語られている。一方エリクソン理論における「コミットメント」は自我同一性達成をもたらすもので、「それに自分をかけて責任をもって生きていく」というような意味であり、多少違いがあるが、本章では「大人になること」と関連する概念としてエリクソン流の「コミットメント」の意味で使うこととする。

う「子どもから大人への移行期」である。エリクソン[3]は「本当の自分」を見つけ、社会に位置づくこと――「自我同一性」の達成――を青年期の発達課題としたが、親から自立・自律することも重要な発達課題である。青年期になると「もう子どもではない」という気持ちが起こり、大人から距離を置き、それまでのように頼るまいとするようになる。認知能力が発達し社会的経験も増えると、それまで全面的に頼り肯定的に見ていた親の欠点が見えるようになり、青年は親に対して批判的になって、それまでのように自分にとって価値ある存在と認めなくなる。また理想を追い求める青年の目から見れば、現実志向の大人一般が不純に感じられる。そのような親あるいは大人全体を批判し、その支援を拒否して、一人ではできそうもないことであっても必要以上に自分の力でやろうとするようになる。また親からの影響を認めず、あるいはマイナス面のみを過剰に告発する。そのような傾向は青年がまだ未熟である程強く、自分を見つめ自分や自分が置かれた状況がわかってくると共に、マイナス面があったとしても、大人が彼らにとってもつ意味や価値を認めるようになっていく。

その時期や親を認めない程度はまちまちだが、村上春樹の主人公は（カフカ少年以外は青年期後期以降であることが多いが）大人について語ることはほとんどなく、「自分」について考える時も自分の育ちや親からの影響（『海辺のカフカ』より前の作品ではマイナス面も含めて）を語ることはない。現在の自分を規定しているのは、現在そして過去の友人や恋人との間にあったことであり、親の関与はないと考えているようである。[注3] 大人からの援助に関しても、15歳のカフカ少年（以後「カフカ」と略記する）も大きな危機に直面しても、今まで通り独力でやろうとし、大人からの援助を受ける気持ちはない（但し彼も大きな危機に直面した時にはまわりからの援助を得ているが、その援助はそれまでにかかわりをもった大人ではなく、偶然出会った人、もしくは全くかかわりのない人から得ている。さらに大島さんは少し年長の性同一性障害者、自分の代わりに父親を殺してくれるナカタさんには知的障害があり、いわゆる「大人」とは少し違う人である）。

「はじめに」で書いたように、主人公の父母が初めて明確な姿で登場するのは『海辺のカフカ』からである。その下で生育したことが、現在の主人公のあり方に影響していることが語られる。父親は子どもに必要な養護や配慮を与えず、ネグレクトしただけでなく、自分を棄てた妻に復讐するために、息子であるカフカに破滅的な予言を授けるという心理的虐待をして、カフカを決定的に歪め、彼はその呪いにとらわれ危機的状況に陥る。父親

［注3］市川［11］は村上春樹が芥川賞を取れなかった原因は、初期の村上の作品に父親が不在であることと、父親との問題や葛藤が描かれていないことにあるとしている。

にとって息子は愛やケアの対象ではなく、自分が作り自由に操作できる「もの」であり、妻への「復讐の道具」として使おうとする。母親はカフカが3歳の時、姉だけを連れて黙って出て行き彼は置き去りにされたために、「自分は母親に棄てられた。誰からも愛されない存在だ」と思い込むようになる。大人からの保護と配慮なしで生きてきたカフカは誰にも頼らず（口をきくのも通いのお手伝いさんと体育館の指導員だけと書かれている）、その内的世界に他者は不在である。一般的には子どもは保護し配慮してくれる養育者に愛着をもち、安心感や安定感を得て、その人が応答してくれることから、その人そしてその人が属する世界や世界に応答してもらえる自分への信頼＝基本的信頼をもち、そして今は応答を得られなくてもいつかは必ず得ることができるという希望をもつことができる（エリクソン[2]）。しかしカフカにはそのような他者はいない。被虐待児であったデイヴ・ペルザー（『〝It〟（それ）と呼ばれた子[12]』他の著者）や中村文則の描く主人公たち（例えば『土の中の子供[13]』『何もかも憂鬱な夜に[14]』『去年の冬、きみと別れ[15]』等）は、親や養父母からひどい対応をされてきたにもかかわらず、信頼できる大人に出会い、その人を慕い、その人に支えられて立ち直ることができたという思いをもっている。デイヴは高校時代に出会った近隣の男性を父親のように慕ったことが彼の支えになってくれたことを書いているし（詳しくは山岸[16]参照）、中村文則の小説では、児童養護施設の施設長がつらい生い立ちの主人公の心の支えになっていることが語られている。一方村上春樹の主人公たちは大人に対してそのような思いをもつことはなく、大人を信じず世界を信じない（但しカフカも上記のように15歳の時の危機において、はじめてよい他者との出会いに恵まれ、世界とのかかわり方を変えていくが）。

カフカの両親、特に父親は、親の役割を担わないどころか自分の欲望のために子どもを利用し、スポイルする大人である。母親と思われる佐伯さんがカフカと性的関係をもつのも、自分の大切な青春時代を現実的に再現して、経験し直したいからのようであり、そうであれば実に自分勝手である。彼女は「自分を忘れないで」とカフカに頼むが、その願いも自分の欲求でありカフカのためではない（但しカフカは結果的にそれによって救われてもいるが）。大人が子どもをスポイルすることを描く文学作品は多いし、最近は児童虐待が社会問題化してしばしば報じられ、虐待を取り上げる文学作品も多いが、村上春樹も「大人」を取り上げるにあたって、まず「スポイルする大人」を取り上げている（カフカの親だけでなくナカタさんの担任も、自分の性的な問題からナカタさんを損なってしまった）。

『1Q84』の青豆と天吾にとっても、親は愛着対象ではなく、基本的信頼をもつことはできていない。青豆の親は熱心な信徒で、子どもに信仰に則った行動を強い、自分の信仰のために勧誘に連れまわる。青豆はそのために友人たちから疎外され、いじめを受ける。天吾も仕事（NHKの集金）にしか関心のない父親と二人で孤独な生活を送り、休みの日は父親の仕事につき合わされ、そのことをつらく感じていた。どちらの親も虐待をしているわけではないが、自分のことしか考えず、子どもに配慮することはない。天吾は誰からの愛も受けなかったため、「人を愛することができない」と言っている。

青豆は小学五年生の時に家を出て叔父の家に行き、他者からの助けをほとんど受けず、心を閉ざして生きてきた（唯一の心の拠り所が小学校時代の天吾との淡い思い出である）。天吾も誰とも心を通じさせることなく生きてきたが、一度担任が父親に意見して助けてくれるという経験をしている。そのことで天吾は担任に感謝の念をもったが、デイヴ・ペルザーや中村文則の小説の主人公のように支えにすることはない。

青豆はジムで教えていた老婦人と親しくなる。その老婦人は自分の娘がＤＶの夫のために自死したことから、ＤＶの被害を受けている女性を救う活動を行い、やがて青豆が特殊な技術をもっていることを知って、ＤＶ加害者を殺す仕事を彼女に依頼するようになる。青豆は実は、親友を自死させたＤＶの夫を復讐のために殺したことがあり、老婦人の目指すことに共感する。青豆は彼女を尊敬し慕っており、老婦人は青豆が人生ではじめて出会った重要な大人である（その部下であるタマルとも心がつながる）。青豆にとって老婦人は目指すものが一致しているという同士的な面もあるが、自分を庇護し導いてくれる年長者である。老婦人は青豆を実の娘のように感じていて、遺産の相続も考えていると告げている。そのように青豆のことを考えてくれる、肯定的な大人と青豆は思っているし、老婦人の描かれ方も肯定的に見えるが、その本質は自分の目指すもののために彼女に反社会的なことをやらせる身勝手な大人である。子どもを自分の犯罪の手先として使う大人や、自分の欲求や救いのためにカフカを利用した佐伯さんと同様と言える。老婦人は、自分が正しいと思うことを実現するためには何をすることも、たとえ人を殺すことであっても許されると考えているが、これはオウム真理教の「ポア」につながる考え方と言える。そしてオウム同様、それを自分のことを慕う若者を使って実現させようとしている。一方で、麻原彰晃がモデルと思われるさきがけのリーダーが、邪悪なリトル・ピープルの言うままになっているのは、預言者としての力を得るためであり、自分の意志、責任で悪をなしているわけではないように描かれている。自らの意志で青豆に殺しをさせている老婦人は、さきがけのリーダー以上に邪悪な人物と言える。

3 親の認知の変化

2節では、大人を描かなかった村上春樹が描くようになった「大人」がどのような者だったか、主人公にとっての「大人」、特に親はどのようであるかについて述べた。どの主人公にとっても親は否定的な存在であり、主人公の生きる道は険しいのだが、それが変化するというのが『海辺のカフカ』『1Q84』のテーマの一つであると思われる。

カフカ少年は、幼少期に母親から棄てられたということから、自分は誰からも愛されない、愛される価値がないという思いをもって生きてきた。彼は母親と思われる佐伯さんと出会い、現在の佐伯さんから受け入れられることで、過去に被った心の傷、自分は世界から求められていないという心の傷を癒そうとして、交流をもつ。そして「あなたは誰からも求められていないのではない、私があなたに私のことを覚えていてほしいと求めている」と佐伯さんに言われ、自分が他者から必要とされ、助けてもらう価値がある存在であると感じる。また佐伯さんの生涯がどのようなものであり、どのような思いで生きてきたのか、そして息子を愛していたのになぜ棄てざるをえなかったのかも理解する。彼はそのことにより、「母親に棄てられた」という外傷体験を克服して、自他への信頼を回復させることができたと考えられる。自分を棄てた母親の心を理解・受容し、許しの気持ちが生じた時、彼の気持ちに変化が起こり、彼はむずかしい危機を乗り越えるのである。

『1Q84』は天吾と青豆の話が交互になされ、天吾の話はもう一人の重要人物であるふかえり（さきがけのリーダーの娘）のことや彼女の小説の話が多いが、物語中盤以降は、退職後認知症になって施設に入所している父親を天吾が訪ねる場面が多い。彼は母親は死んだと聞かされ、前述のように心が通わない父親と二人で暮らしてきたが、父・息子の関係は冷え切っていた。施設に入所している父親を久しぶりに訪ねた天吾は、父親の応対から自分は父親の子どもではないこと、不義の子であることを確信する。そして父親は、裏切られても母親を愛し続け、彼女の不義の子である自分を大切に育ててくれたことを知ることになる。また彼にとってつらく嫌な思いをさせられたＮＨＫの集金の仕事は、不器用な父親が「一番上手にできること」であり、彼は自分の仕事として誇りをもって一生懸命やってきた（昏睡状態になっても夢の中でその仕事をやり続けるくらい）ことを理解する。父親の人生は不器用な冴えない人生だったが、誰も愛したことがなくこれからもそうであろう自分とは違って、父親は妻を愛しそれなりの責任を担って自分の生き方を貫く人生を送っていたのである。天吾の父親のとらえ方はそのように変化し、仕事を休んで昏睡状態で眠っている父親を毎日見舞い、話しかけ続ける。

　この父親のとらえ方の変化と和解の背後には、村上春樹自身が疎遠だった父親を受け入れたことがあると思われる。彼の父親は国語の教師であり、同時に僧侶でもあったが、２００８年に亡くなるまで、村上が父親について語ることはイアン・ブルマによるインタビュー[17]以外には、全くなかった。インタビューでは「自分の出自を書くことはできないし、家族のことも書きたくない」と言う一方、「父とはうまくいっていない。子供を作らないのはそのせいかもしれない」「今では疎遠になっていて、滅多に会うこともない」と語っている。そして父親が亡くなった後のエルサレムでの講演[18]では、父親が戦争で亡くなった人々のために仏壇で祈っている姿が印象に残っていることや、父親はほとんど語らなかったが、彼がもつ戦争の記憶が自分にとっても重要だと感じていることを語っている。村上春樹も天吾と同様父親と心を通わせることはなかったし、父親の生き方に心惹かれることはなかったが、それでも語られないことの中に「父親が生きてきた生」を感じ、受け入れる気持ちになったのだと思われる。なお小説とは違って、父親が亡くなったのは村上春樹が60歳になる目前であり、講演で父親のことを語った時には、村上春樹は還暦を迎えていた。

4 大人になること

3節で過去の振る舞いにわだかまりを抱いていた親、疎遠だった親に対する「認知」を変化させた主人公について述べた。その結果カフカは、それまでの世界へのかかわり方を変え、肯定的な自己概念をもって現実世界に復帰した。天吾は、「人を愛せない」という思いを変えることができ、かつ長いこと心にあった青豆と出会い、彼女への愛を自覚して、彼女と共に生きていくことを決意する。青豆は妊娠しており、二人は小学生時代以降全く会っていないにもかかわらず、「その子は天吾の子だ」という青豆の言葉を天吾は信じ（ふかえりとの性行為の時、その子が青豆に宿ったという確信をもつ）、愛する人の子どもの父親になることを決意するのである。

この天吾の決意は、他者と肯定的につながり、自分の生き方を決めることであり、青年期の発達課題の「同一性達成」にあたると言える。そこに至ったのは父親とのことだけでなく、ふかえりの小説を書き直すことを通して自分の小説が書ける気持ちをもてたことや、ふかえりをめぐる様々な出来事――あるいは塾で子どもたちに数学を教え続けていたこと等――が彼の成熟を促したことも関与していると思われる。しかし父親との出来事がそれを後押ししたと考えられる。「自分の生き方を決めること」（多くの場合仕事を決め就職することだが）は大人になることの第一歩であるが、さらに結婚し親になるという経験を積むことで、大人の発達過程は進行していく。天吾が愛する人と結ばれ、その人の子どもの父親になること（しかも客観的には異なるのに実の父親であると信じて）を促したのは、重要な他者が不在の天吾の心に、父親がロールモデルのように入り込んだことによると考えられる（父親も彼の現実の父親ではなかった）。天吾は親密な異性を決めて、その人に責任を担い続けること、そして次世代を責任をもって育てること――父親がやってきたこと――を自分も選び取ったのである。

なお子どもを責任をもって育てることが大きな決断を要請し、大人としての心理的成長をもたらした例として、大江健三郎の『個人的な体験[19]』の主人公があげられる。彼は重い脳障害のある子を引き受けて育てるか、そのまま死なせてしまうかの選択を迫られ、葛藤の末引き受けることを選び、責任を担った「大人」として生きていく。一方『空の怪物アグイー[20]』の主人公は死なせる方を選ぶが、自分の決断に堪えられず、自死を選ぶ（詳しくは山岸[21]参照）。

血のつながらない子の父親になるという変則的な「生殖性課題」（6節で詳しく述べるが、子どもを産み責任をもって育てることで、エリクソン理論の成人期の発達課題である）は、最近の村上作品によく見られる。初出は『蜂蜜パイ』で、大学時代仲のよい三人であったが、親友と結婚した女性が離婚した後、主人公はその女性と結婚し、親友との間の女児をわが子として育てることにするという短編である。主人公は小説家であるが、父親になる決意をすることと同時に、自分とは何かを見つめる小説を自分のために書くのではなくて、読む人が元気になるような小説を書こうという決心も語られる。これは5節で述べるが、もう一つの「生殖性課題」につながっている。

２０１７年刊行の最新作『騎士団長殺し』でも、主人公は離婚しかかっていた妻のお腹にいる、自分の子どもではない子の父親になることを引き受け、妻と共に生きていくことを決意している。一方もう一人の重要な登場人物である免色氏は、恋人との間に生まれたと思われる女子高校生秋川まりえを、遠くから見ているだけの人生を生きる。彼は恋人と共に生きていくことを選び取ることをせず、その女性は別の男性と結婚し、免色氏との子どもと思われる女児を産んで、その後事故で亡くなる。免色氏は豊かな教養と資質、そして莫大な経済力をもつ魅力的な50代なのだが、その女性を忘れられず、いまだにそのドレスをクローゼットに収め、そして叔母と共に住むまりえを見るために、その家の近くに豪邸を構え（あたかも村上が好きな『グレート・ギャツビー』[22]の主人公のように）、彼女に絵を教えている主人公に近づくのである。彼は父親と名乗り出るわけでもなく、共に住むことを提案することもなく、身近にいて少し接触をもつという暮らしを続ける。社会的にも何もせず、インターネットで株取引をし、後は高等遊民的暮らしをしている。それに対して頼まれて肖像画を描くだけだった主人公は、自ら肖像画を描きたいと思うようになっていき、父親の役割を引き受ける決意もする。画家として父親として主体的に生きていこうとしている主人公と、見ているだけで現実にかかわろうとしない免色氏。それはコミットメントとデタッチメントのあり方であり、現在村上が向かいつつある姿と今までの彼の姿、「大人」になった姿と「青年期」に留まっている姿であると言えよう。

なお『1Q84』のもう一人の主人公青豆は、村上春樹の小説の他の登場人物とは異なり青年期の模索を続ける青年ではなく、小学五年の時に家出をしてから十分なモラトリアム的保護なしに一人で生き、青年期をほとんど経ずに早々と生き方を決めた（＝大人になった）女性である（ジムのインストラクターとして自立し、そして暗殺者としての自分を選ぶ）。親友の復讐のためにその夫を殺すという形で現実にコミットし、老婦人を尊敬して、（他の可能性を模索せずに）暗殺者の道を選ぶ。カルトで指導者に盲目的に従う若者のように、彼女も老婦人に従う人生を選び、自分を模索することなく、その意味で内的に成長することなく「大人」になったのである（小学生の時にもった天吾への思いをずっと持ち続けることも、他の可能性を模索せず人生の伴侶を決めることと言える。「純愛」と思われやすいが、早々と自分を決め、その後の20年の経験には一切心を閉ざし、決めた自分に固着しているに過ぎないと解釈できる）。老婦人に従う人生を選んだ彼女は、守っていきたい自分もなく、それ故リーダー殺害後姿を変えて自分でなくなることも、（天吾のためという名目の下で）命を棄てることも厭わないのである。その彼女も自分の中に命が宿っていることを知ると、「何としても護らなければならない」という「生殖性」につながる思いが芽生える。そして「自分を護り、天吾を探し求め、この小さきものに養分を送る、それが今の私に与えられた責務だ」と、現実的に生きることに志向するようになるのである（しかし命が宿った時、自分が手を下した者の命を考えることはなかったのか、暗殺者として生きてきた自分と折り合って生きていけるのかという疑問も湧く［注4］）。

5 大人であること——次世代&社会に対する責任

エリクソンは青年期から成人期への移行は、自我同一性の達成＝自分を他者・社会の中に位置づけること、現実にコミットすることによって、自分の生き方を決めた時になされるとした。それは就職することによってなされることが多いとされる。親になり子どもを

［注4］ 加藤［23］は、『1Q84』のBOOK3の最後にはBOOK2と同様「BOOK3終り」とあり、全体の終りではないかのようにも読めるため、読者に続きがあるのではないかという思いをもたせているが、それはBOOK3で終わらせることに対して著者の逡巡があるからであり、「主人公が人を殺害したまま、新たに恋人と共に新しい世界に脱出し、子どもを出産するというプロット」のまま終わらせることの問題性を、村上春樹自身が感じているからなのではないかと指摘している。

育てることは成人期の発達課題とされているが、しかし親になることも現実へのコミットの一つであり、親になって子どもに対する責任を引き受けようとすることは、「成人期の発達課題」そのものではなく、成人期への移行の一つととらえてよいように思われる。4節で扱った作品も、父親になり、次世代を育てる責任を担う決意をするところで終わっているが、それは「大人になること」であり、「大人であること」――自分の産みだしたものを責任をもって育てる（＝エリクソンの成人期の発達課題の「生殖性」）――にまではまだ至っていないと考えられる。

つまり「大人になること」は自分を何かにコミットさせることであり、他者・社会と肯定的なかかわりをもつ自分を選ぶことであるのに対し、「大人であること」は自分が選んだことにコミットし肯定的なかかわりを持ち続けること、そのかかわりに責任を持ち続けることである。その違いは、問題の中心が前者は自分にあるのに対し、後者は自分がかかわる他者への配慮にあることであると考えられる。

エリクソンの生殖性は、典型的には自分の子どもを育てることであるが、自分の子どもだけでなく次世代を育てることや、ものや思想を産みだして育てること、社会における役割や責任を担って、社会を維持していくこと＝仕事へのかかわりが含まれていると考えられる（成人期への移行は就職することであるが、生殖性は仕事をして社会における役割や責任を担い続けることである）。

村上春樹が自分の仕事を全うし社会に対する責任を果たすという意味での「大人であること」について初めて言及したのは、1節で述べたように、1997年の『アンダーグラウンド』である。彼はサリン事件や阪神大震災を機に「デタッチメントからコミットメントへ」と他者・社会とのかかわり方を変え、彼の小説のテーマは、本当の自分を模索する青年期的心性から他者への責任を担う成人期の問題へと移ったようだった。『アンダーグラウンド』は、オウム真理教が引き起こした地下鉄サリン事件の時、サリンへの対処にかかわった地下鉄の駅員や事件に巻き込まれた乗客に対して村上春樹がインタビューし、事件の日のこと——どのように行動し、何を考え感じていたか——について答えてもらい、そのインタビュー内容をそのまま記述したものである。

地下鉄職員は次のように語っている。「死ぬという意識よりは、まず自分の仕事をなんとかやらなくちゃという気持ちの方が強かった。（気分が悪くなっても）頭の中は仕事のことや係員のことでいっぱいでした」「僕がたまたまその場に居合わせたからやったというだけのことです。もし僕がそこにいなかったら、別の人が袋を拾い上げていますよ。やっぱり仕事というものの責任は全うしなくちゃいけない」。彼らは、たとえ危険であっても、それが自分の仕事であるから、その責務を果たしたと淡々と述べる。

それを語った人は、いつもみんなのことを考えているというような特別な人ではない。ごく普通の市井の人々であるが、仕事への責任感を強くもち、仕事の対象になっている人々に対する責任感から動いている。これはエリクソンの言う成人期の「生殖性」、自分以外の他者に力を注ぐことであると言える。

このテーマは2000年の短編集『神の子どもたちはみな踊る』の中の『かえるくん、東京を救う』[24]に引き継がれている。東京に大地震を引き起こそうと企む巨大なみみずくんと戦って東京を救おうとしているかえるくんは、共に戦い、応援をしてくれる相棒として、片桐さんを選び依頼する。片桐さんは、人がやりたがらない地味で危険な仕事を引き受け、それを真面目に誠実に果たし、認められなくても愚痴も言わずに黙々とこなす人である。片桐さんが「平均以下の冴えない自分がなぜ東京を救わなくてはいけないのですか」と尋ねると、かえるくんは「あなたのような人にしか東京は救えない。そしてあなたのような人のために僕は東京を救おうと思う」と答える。そのような市井の人々が協力することで社会は成り立ち守られているということが伝わってくる。この短編は、『アンダーグラウンド』に掲載されることを了承しなかった人をモデルに、フィクションの形で書かれたものであると村上は述べているが、[25]エリクソンの生殖性がうまく表現されている。

但し1997年、2000年の作品以降、村上春樹の作品にこの方向への深まりは見られない。小森[26]は「『アンダーグラウンド』で現実や歴史的状況にかかわらないように見えた作家が、時代の危機と正面から向き合おうとしているという期待をもったが、『海辺のカフカ』でこの期待は完全に裏切られた」としている。自分以外の者への責任を担い、社会での責務を果たすという意味での「生殖性」が描かれるという期待に対しても、それがなされているのは『かえるくん、東京を救う』だけで、『海辺のカフカ』『1Q84』『色彩を持たない多崎つくると、彼の巡礼の年[27]』『騎士団長殺し』のどれにおいても、それは描かれてはいない。村上は「『アンダーグランド』の取材を通して学んだことを、いろんな小説の中にひっそりと組み込んでいる。あそこで僕がくぐり抜けてきた物語は、僕の小説の動力みたいになっている」と語っているが[25]、『アンダーグラウンド』で描かれた、自分以外の者への責任を担い、社会での責務を果たすという意味での「生殖性」は、その後ほとんど書かれなくなってしまっているように思われる。

そして、親になって次世代を責任をもって世話をし育てることも、村上春樹自身が親になっていないこと、親になる気持ちをもっていないこととも関連していると思われるが、前述のように決意表明までで、まだ描かれることはない。青年期が終わって「大人の世界」に入るところで終わる小説ではいけないというわけではないが、「コミットメントを書く」と言って地道にコミットし続ける大人を描きだしてから20年が経過しても、それを小説として書き継いでいくのはなかなかむずかしいようである。

なお村上春樹は初期の作品『世界の終りとハードボイルド・ワンダーランド』（1985年）[28]ですでに、自分が作り出した世界やそこで生きる人たちへの責任を果たそうとする思いを書いている。「僕は自分が勝手に作り出した人々や世界をあとに放り出して行ってしまうわけにはいかないんだ。〜（略）〜僕は自分がやったことの責任を果たさなければならないんだ」。そのために主人公は現実世界に戻ることを諦めて、そこに留まることを選ぶ。「そうしなければ私自身に対する公正さを見失ってしまうことになる」。「（自分がこの世界を出ていくことが）誰をも悲しませないことにせよ、〜（略）〜それは私自身の問題なのだ」。主人公が感じている責任や義務は現実の他者に向けられたものではなく、自分の観念の中の他者に対するものであり、その意味で「青年期的」であるが、責任や義務への志向性が見られる。

村上春樹が青年期から成人期に移行する時に選んだ自分を維持し、大人としてそれをやり続けることについて書いているのは、エッセイ『職業としての小説家』[29]（2015年）においてである。そこではいかにして小説を書き続けるか、その日々の営みが書かれ、書き続けるためにいかに地道に自分をコントロールし、努力しているかが伝わってくる。

彼は小説においては「大人であること」を描いていないが、実生活では小説を書き続けることを通して「生殖性」課題を果たしているようである。上述のように、彼は生殖性の一つである「ものや思想を産みだし育てること」を、小説を書くことで果たしている。その営みは禁欲的と言える程で、責任感に満ちている。村上春樹が自分の作品にいかに責任をもっているかは、彼と読者とのやりとりをまとめた『少年カフカ』[30]を見ると明白である。彼は『海辺のカフカ』をめぐるインターネットでの書き込みへの応答に多大な時間をかけている[注5]。このことは、自分の作品をよりわかりやすく読者に伝えることで自分の作品に責任をもつことであり、同時に一人ひとりの声に耳を傾けそれに応答することで読者とかかわることでもあり、様々な意見に応じることで読者の考えを深めることになる（時に自分の考えも深まる）。小説を書き、読者に読まれることで、彼らの成長に関与することもあるだろうし、小説へのコメントを募りそれに対して回答することで、読者の考えを広げたり深めたりするきっかけになり、次世代を育てること＝生殖性にかかわっていると言える。村上春樹は、子どもをもたないことを選択し、社会的にも直接的に次世代を育てることはないが、小説を書くことでそれを果たしていると考えられる。

［注5］メール総数は約二か月で8万余通で、そのうち1230通に返事を書いている。他にも時々ホーム・ページを設定することがあるが、「週に6000通のメールが来れば、その全部に一応目を通し、1500通くらいに返事を書きます」と書いている[31]。

6　大人であること――前世代（自分の親世代）への支援

エリクソンの成人期の発達課題は、次世代の世話をし育むこと（生殖性）であり、相手の成長を促すようにかかわることで自分自身の自我も発達するとされるが、村上春樹の小説にはそれがまだ十分には書かれていないということを5節で論じた。一方村上春樹の最近の小説には、それとは異なった成人期の課題が書かれているように思われる。それは年老いた前世代とのかかわりである。前世代とのかかわりとして、老いて介護を必要とするようになった親を介護するというかかわりがあるが、それは次世代の世話（生殖性）と同質な営みであり、様々な小説で描かれることも多い。それに対し村上春樹は『1Q84』と『騎士団長殺し』で、そのようなかかわりとは異なった死にゆく老人との心理的なかかわりを描いている。

エリクソンは老年期の発達危機を「統合対絶望」とし、「統合」を達成することを発達課題とした。[2]「統合」は自分の人生を振り返り、それを一回限りの自分の人生として受け入れることであり、そのことが間もなく訪れる「死」を受容することにつながるとした。

それは一人でもなされるが、村上春樹の小説では成人期の者が老人の「人生の統合」を支援する様子が描かれている。

『1Q84』の天吾と父親とのことについては3節でも述べたが、天吾と父親の関係は冷え切っていて、中学生の頃からほとんど口をきくこともなく、父親は退職後は認知症ケアを専門とする施設に入所していた。久しぶりに見舞いに行き、「あなたの息子だ」と言うと「私には息子はいない」と言われる。天吾は「自分は父親の実の子ではないという漠然ともっていた思いが事実であり、父親は彼を裏切った妻を愛し続け、妻の不義の子である天吾を一人で育ててきたという確信を得る。父親はそのことについて一切答えないが、天吾が育ててくれたことに感謝を述べると、一筋の涙をこぼす。その後父親は昏睡状態に陥るが、天吾は見舞いに行き続け、声は聞こえるかもしれないと言われて、自分の話をしたり自分が読んでいる本を朗読したりする（父親は意識のある時に、彼に本を読むことを頼んでいた）。やがて父親は死亡するが、遺品の袋には天吾の子ども時代の賞状類、NHKの集金の仕事関係のもの、そして父親と母親と幼少時の天吾とおぼしき三人が写った写真が入っていた。NHKの集金の仕事（父親は昏睡状態になっても夢の中で集金の仕事をし続け、その制服を着て納棺することを依頼する程その仕事にコミットしてきた）と、愛する妻の子どもである天吾を育てることが父親の人生だったのである。その二つのことをうまく両立させることができなかったために天吾の心は離れてしまったが、人生の最期に二人は心を通わせることができた。父親は天吾の声を聞きながら夢の中で集金の仕事をしていたのであり、自分のやってきたことに満足して人生を終えることができた。天吾は父親の「人生の統合」を助けたと言える。[注6]

『騎士団長殺し』では、死にゆく老人は『騎士団長殺し』の絵を描いた日本画家・雨田具彦であり、主人公がその最期に人生が統合できるように支援している。前途有望だった洋画家雨田具彦はウィーンに留学するが、恋人と共にヒットラー暗殺計画に加わり失敗し、彼以外の者は処刑され、彼だけ日本に帰される。彼はその後日本画に転向し、有名な画家になる。主人公はその息子の雨田政彦と美術大学で同級だったが、妻との離婚話が進んでいる時に雨田具彦の小田原の別荘に一人で住み、近所の絵画教室で教えることになる。そしてその別荘の屋根裏で厳重に包まれた絵を見つける。それは『騎士団長殺し』という題がつけられた日本画で、飛鳥時代の格好をした男女が描かれていた。若い男が白い装束を着た老人の胸に剣を突き立て、血が勢いよく噴き出していて、それを見守っている人の中に若い女性が一人いるという絵。やがてその老人はモーツァルトのオペラ「ドン・ジョバンニ」で殺された騎士団長であること、雨田具彦はウィーンで実際にはできなかったこと（ヒットラーの暗殺）＝生涯の痛恨事を絵の中で偽装的に実現させたということがわかってくる。

夜中に、主人公は何度も鈴の音を聞き気になっていたが、近所の大邸宅に住む免色氏（肖像画を描くことを依頼されて親しくなっていた）に話し、音のするところを掘り返すことになる。業者が作業をすると、敷石の下から円形の石室がでてきて、仏具のような鈴も見つかる。そして主人公はそこにずっといたという騎士団長――身長60センチの絵の中にいた騎士団長で、自分はイデアだと語る――と出会うのである。

雨田具彦は認知症を病み高齢者養護施設にいるが、ある夜主人公の家で『騎士団長殺し』の絵を凝視している彼を主人公は目撃する。主人公は雨田具彦の息子に頼み施設に同行させてもらう。雨田具彦は寝たきりで話がわかるかどうかもわからない状態だったが、主人公は雨田具彦に、彼が『騎士団長殺し』の絵を描くことで「実際には成し遂げることができず、本当には起こらなかったことを、起こるべき出来事として絵の中で偽装的に実現させ」「屋根裏に隠した」という自分の理解を話す。そしてそこにいる騎士団長に「諸君だ

【注6】夢の中でNHKの集金の仕事をすることが、東京で青豆やふかえりのところに行くという形で現実化していて、天吾はそれを止めるように父親に言うのだが、止めるように言うのではなく、（実害を伴わない営みにして）それを支援するようにした方が「人生の統合の支援」としては整合的だったように思われる。

けが彼の人生を最後に救済することができるのだ」と誘われ、雨田具彦の目前で騎士団長を刺し殺すことで、彼が現実にはできなかったことを象徴的に実現する（それは同時に行方不明になっていた秋川まりえ（免色氏の娘と考えられる）を救うためでもあったのだが）。雨田は「生涯の痛恨事」を主人公に成し遂げてもらって、悔いの気持ちを解消し、自分の人生を統合して安心して死んでゆくのである。

そして主人公は雨田具彦の人生を知りその人生の統合を助けると共に、彼の生き様を引き継ぐことになる。彼は中断している肖像画について「いつかもう一度その肖像画に挑戦することになるだろう。～（略）～もう一度私が自分の絵を描きたいという気持ちになった時描き直すことになるはずだ。それは私にとっての『騎士団長殺し』になるかもしれない。貴重な遺産を受け継いだということになるだろう」と述べている。そして『1Q84』の主人公――今まで誰も愛したことがなくこれからもそうだろうと思っていた天吾――も、父親を看取った後、青豆と結婚して、父親と同じように生物学的には自分の子どもでない子を自分の子どもとして引き受ける決心をするのである。前世代の生き方を引き継ぐことは、彼らの人生を意味づけることになり、そのような連鎖が大きい「人生の統合」につながっていくように思われる。死にゆく人は、必ずしも血のつながった子どもに限らず、彼の影響を受けた次世代の者に生き様を伝え、それを引き継いだ者は自分の人生にそれを反映させて生きていくのであろう。村上春樹は「後世代に何かを引き継いでほしいという気持ちはある」ということを新聞のインタビュー[32]で語っているが、成人期から老年期に移りつつある今、老人とのかかわりや世代間の「引き継ぎ」のテーマが書かれるようになってきていると言える。

村上春樹は青年期的心性を引きずっている者の心理や生活を巧みに描く一方、彼らの親のことや大人については語られなかったが、阪神大震災やサリン事件を契機に、社会への責務を果たす「大人」が描かれるようになった。そしてその後の作品ではネガティブな大人を描くようになるが、(1)その大人が主人公に対してどのような意味や影響をもったか、(2)大人のマイナス面に対する主人公のとらえ方がどう変化したか、そして、(3)その変化と共に主人公は成長し、父親役割を担う「大人」になったということを論じた。また(4)「大人になること」とは異なった「大人であること」もテーマに含まれるようになり、エリクソンの成人期の発達課題である生殖性――次世代や社会に対し責任をもって世話し育てること――が描かれ、さらに(5)前世代の「人生の統合」を支援することや「世代間の引き継ぎ」も描かれるようになっていることを論じた。

おわりに

以上五つの章で親・大人のあり方について色々論じてきました。1章では自分の道を貫くためにひたすら妻への贖罪に生きようとする作家と、その夫を支配する妻が、子どもへの対応や配慮に問題をもってしまった島尾家の事例、2章では子どもの才能を伸ばすことに邁進しうまくいっていたように思えたのに、そこにあった問題や歪みが状況のあり方によって大きくなってしまったデュ・プレ家の事例、3章では親としてどうあるべきか真摯に考え葛藤の中を生きた宮沢賢治の父親が、息子の生き方や作品にどのような影響を与えたのかについて論じてきました。4章、5章では、望ましくない大人の対応によって思いがけない行動がもたらされたり、それでも後に関係が修復されたりすること、そして大人は他世代に何をするのか等が、中村文則と村上春樹の小説を用いて論じられました。それらの中で親・大人との関係の問題がどのような時に大きな問題になり、どのような時に回避できたり好転したりするのか、また親・大人のどのようなあり方が生涯にわたって子どもに影響するのか、親・大人とは何なのかについて論じてみました。

筆者としては心理学的な問題を文学作品を通して論じることができて楽しかったのですが、読者の方はいかがでしたでしょうか。親・大人のあり方について、あるいは知っている作品について、何か考えさせられることや新たな気づきはありましたでしょうか。

近年文芸評論はあまり読まれなくなっているようですし、高校の国語も文学ではなく実用的な文章が中心になっているとのことであり、本書のようなものはますます読まれなくなっていく可能性があります。もちろん実用文の読み書きは社会人としてまた生活していく上で重要なスキルであり、その能力を育てることは必要ですが、優れた文学作品に触れて、必ずしも文章には書かれていない登場人物の心理やその背景、人生の機微を読み取る力を培い、様々な人生を考える機会をもつことも重要だと思います。

また現代はインターネットやスマホを使って、誰もが簡単に（しかも素早く広く）情報を発信しフィードバックも得られるよき時代になりましたが、その時々のことだけでなく、人生全体について時間をかけて深く考えることが少なくなってしまったように思われます。心理学の知見も使って考えた本書はSNSのようには気軽に読めないかもしれませんが、本書で取り上げた作品について考えてみたい方や、親・大人はどうあるべきか考えている方、自分の生き方について立ち止まって考えたい方に、少しでも参考になれば幸いです。

私たちは誰もがかつて子どもであり、色々な経験をする中で大人になり、やがて死んでいく存在ですが、その発達過程への理解を深められたり、本書で取り上げた小説等を（改めて）読んでいただければ、望外の幸せです。

最後になりましたが、出版状況が厳しい中、「心理学で文学を読む」第三弾の出版を引き受けてくださった新曜社の塩浦暲さんに感謝いたします。

山岸明子

引用文献

はじめに

[1] 山岸明子 (2015)『心理学で文学を読む —— 困難を乗り越える力を育む』新曜社

[2] 山岸明子 (2017)『つらさを乗り越えて生きる —— 伝記・文学作品から人生を読む』新曜社

[3] ラム (Lamb, M. E.) 編著 (1976)／久米稔他訳 (1981)『父親の役割 —— 乳幼児発達とのかかわり』家政教育社

[4] エリクソン (Erikson, E. H.) (1950)／仁科弥生訳 (1977-1980)『幼児期と社会1、2』みすず書房

1章 『死の棘』の子どもたち —— 両親は彼らにどのような影響を与えたのか

[1] 島尾敏雄 (1977/1981)『死の棘』新潮社

[2] 島尾敏雄 (2002/2008)『「死の棘」日記』新潮社

[3] 梯久美子 (2016)『狂うひと —— 「死の棘」の妻・島尾ミホ』新潮社

[4] 島尾ミホ (1974/1987)『海辺の生と死』中央公論社

[5] 島尾敏雄 (1958/2016)「妻への祈り・補遺」『妻への祈り —— 島尾敏雄作品集』中央公論新社

[6] 島尾敏雄 (1958/2016)「日の移ろい」『妻への祈り —— 島尾敏雄作品集』中央公論新社

[7] 島尾伸三 (1997)『月の家族』晶文社

[8] 島尾伸三 (1998)『星の棲む島』岩波書店

[9] 島尾伸三 (2000)『ケンムンの島』角川書店

[10] 島尾伸三 (2006)『魚は泳ぐ —— 愛は悪』言叢社

[11] 島尾伸三 (2008)『小高へ —— 父 島尾敏雄への旅』河出書房新社

[12] ソクーロフ (Sokurov, A.)／島尾ミホ・吉増剛造 (2001)『ドルチェ－優しく —— 映像と言語、新たな出会い』岩波書店

[13] 磯田光一 (1978)「隊長の贖罪」『カイエ12月臨時増刊号 総特集・島尾敏雄』pp.165-169.

［14］山本健吉 (1981)「解説　島尾敏雄」『死の棘』新潮社
［15］ボウルビィ (Bowlby, J.) (1973)／黒田実郎・岡田洋子・吉田恒子訳 (1977)『母子関係の理論Ⅱ —— 分離不安』岩崎学術出版社
［16］エリクソン (Erikson, E. H.) (1950)／仁科弥生訳 (1977–1980)『幼児期と社会 1、2』みすず書房
［17］シャファー (Schaffer, H. R.) (1998)／無藤隆・佐藤恵理子訳 (2001)『子どもの養育に心理学がいえること —— 発達と家族環境』新曜社
［18］日本道徳性心理学研究会編著 (1992)『道徳性心理学 —— 道徳教育のための心理学』北大路書房
［19］しまおまほ (2017)「ジッタンとマンマー」『文学界』pp.38–39.
［20］ド・シャーム (deCharms, R.) (1976)／佐伯胖訳 (1980)『やる気を育てる教室 —— 内発的動機づけ理論の実践』金子書房
［21］ピーターソン他 (Peterson, C., Maier, S. F. & Seligman, M. E. P.) (1995)／津田彰監訳 (2000)『学習性無力感 —— パーソナル・コントロールの時代をひらく理論』二瓶社
［22］吉本隆明 (1990)『島尾敏雄』筑摩書房
［23］島尾敏雄 (1978)「図書館の日曜日」『カイエ12月臨時増刊号総特集・島尾敏雄』pp.119–126.
［24］島尾敏雄 (1981/2010)「マホを辿って」『夢屑』講談社
［25］学校法人鹿児島純心女子学園 www.k-junshin.ac.jp/gakuen/about/index.html

2章　ジャクリーヌ・デュ・プレの生涯と才能教育

［1］イーストン (Easton, C.) (1989)／木村博江訳 (1992)『ジャクリーヌ・デュ・プレ』青玄社
［2］デュ・プレ & デュ・プレ (Du Pre, Hilary & Du Pre, Piers) (1997)／高月園子訳 (1999)『風のジャクリーヌ —— ある真実の物語』ショパン
［3］五嶋節 (2007)『「天才」の育て方』講談社
［4］ヘミング, F. (2008)『フジコ・ヘミング —— 魂のピアニスト』新潮社
［5］ヘミング, F. (2016)『たどりつく力』幻冬舎
［6］松村暢隆 (2003)『アメリカの才能教育 —— 多様な学習ニーズに応える

特別支援』東信堂
［7］奥田昭則 (1998)『母と神童 —— 五嶋節物語』小学館
［8］千住文子 (2005)『千住家の教育白書』新潮社
［9］千住真理子 (2000/2009)『聞いて、ヴァイオリンの詩』文藝春秋
［10］千住真理子・千住文子 (2013/2015)『千住家、母娘の往復書簡 —— 母のがん、心臓病を乗り越えて』文藝春秋
［11］鹿毛雅治編 (2012)『モティベーションをまなぶ12の理論 —— ゼロからわかる「やる気の心理学」入門！』金剛出版
［12］柏木惠子 (2003)『家族心理学 —— 社会変動・発達・ジェンダーの視点』東京大学出版会

3章　宮沢賢治と父親 ——『銀河鉄道の父』『貝の火』『雨ニモマケズ』をめぐって

［1］林道義 (1996)『父性の復権』中公新書
［2］門井慶喜 (2017)『銀河鉄道の父』講談社
［3］宮沢賢治 (2017)「貝の火」『宮沢賢治コレクション3 —— よだかの星』筑摩書房
［4］堀尾青史 (1966/1991)『年譜 宮澤賢治伝』中公文庫
［5］宮沢清六 (1991)『兄のトランク』ちくま文庫
［6］千葉一幹 (2014)『宮沢賢治 —— すべてのさいはひをかけてねがふ』ミネルヴァ書房
［7］菅原千恵子 (1994/1995)『宮沢賢治の青春 ——“ただ一人の友”保阪嘉内をめぐって』角川文庫
［8］吉本隆明 (1989/1996)『宮沢賢治』ちくま学芸文庫
［9］見田宗介 (1984/2001)『宮沢賢治 —— 存在の祭りの中へ』岩波書店
［10］天沢退二郎 (1993)『宮沢賢治の彼方へ』ちくま学芸文庫
［11］秋枝美保 (1992)「宮沢賢治『貝の火』における父子の葛藤 —— 歪んだ報恩譚の意味」『近代文学試論』*30*, 26-43.
［12］西村真由美 (2005)「宮沢賢治『貝の火』論 —— 父と子の欲をめぐって」『待兼山論叢』*39*, 19-35.
［13］矢野智司 (2008)『贈与と交換の教育学 —— 漱石、賢治と純粋贈与のレッ

スン』東京大学出版会
[14] 菅原千恵子 (1997)『満天の蒼い森 ── 若き日の宮沢賢治』角川書店
[15] 吉田司 (1997)『宮澤賢治殺人事件』太田出版
[16] 山折哲雄 (2005)『デクノボーになりたい ── 私の宮沢賢治』小学館
[17] 今福龍太 (2019)『宮沢賢治 ── デクノボーの叡知』新潮選書
[18] 山下聖美 (2008)『宮沢賢治のちから ── 新書で入門』新潮新書

4章　中村文則『私の消滅』における主人公の育ちと主体感の希求

[1] 中村文則 (2016)『私の消滅』文藝春秋
[2] 中村文則 (2013)『去年の冬、きみと別れ』幻冬舎
[3] 中村文則 (2005)『悪意の手記』新潮社
[4] 中村文則 (2009)『何もかも憂鬱な夜に』集英社
[5] 山岸明子 (2018)「Erikson の自我発達理論再考 ── 主体感と相互性の観点から」『医療看護研究』*14*(2), 83-92.
[6] エリクソン (Erikson, E. H.) (1950)／仁科弥生訳 (1977-1980)『幼児期と社会 1、2』みすず書房
[7] ホワイト (White, R. W.) (1959)／佐柳信男訳 (2015)『モチベーション再考 ── コンピテンス概念の提唱』新曜社
[8] Rotter, J. B. (1966) Generalized expectancies for internal versus external control of reinforcement. *Psychological Monographs, 80*, 1-28.
[9] ド・シャーム (deCharms, R.) (1976)／佐伯胖訳 (1980)『やる気を育てる教室 ── 内発的動機づけ理論の実践』金子書房
[10] Bandura, A. (1982) Self-efficacy mechanism in human agency. *American Psychologist, 37*, 122-147.
[11] 板倉昭二 (1999)『自己の起源 ── 比較認知科学からのアプローチ』金子書房
[12] Neisser, U. (1995) Criteria for an ecological self. In Rochat, P. (Ed.) *The Self in Infancy: Theory and Research*, Elsevier.
[13] Gallagher, S. (2000) Philosophical conceptions of the self: Implications for cognitive science. *Trends in Cognitive Sciences, 4*, 14-21.
[14] マーラー他 (Mahler, M. S., Pine, F. & Bergman, A.) (1975)／高橋雅士・織

田正美・浜畑紀訳 (1981)『乳幼児の心理的誕生 ―― 母子共生と個体化』黎明書房
[15] アントノフスキー (Antonovsky, A.) (1987)／山崎喜比古・吉井清子監訳 (2001)『健康の謎を解く ―― ストレス対処と健康保持のメカニズム』有信堂高文社
[16] エリクソン (Erikson, E. H.) (1959)／小此木啓吾訳 (1973)『自我同一性 ―― アイデンティティとライフ・サイクル』誠信書房
[17] ラザルス & フォルクマン (Lazarus, R. S. & Folkman, S.) (1984)／本明寛・織田正美・春木豊訳 (1991)『ストレスの心理学 ―― 認知的評価と対処の研究』実務教育出版

5章　村上春樹の作品における「大人」――「大人になること」と「大人であること」をめぐって

[1] 村上春樹 (1979)『風の歌を聴け』講談社
[2] エリクソン (Erikson, E. H.) (1950)／仁科弥生訳 (1977-1980)『幼児期と社会 1、2』みすず書房
[3] エリクソン (Erikson, E. H.) (1959)／小此木啓吾訳 (1973)『自我同一性 ―― アイデンティティとライフ・サイクル』誠信書房
[4] 村上春樹 (2002)『海辺のカフカ』新潮社
[5] 村上春樹 (1997)『アンダーグラウンド』講談社
[6] 村上春樹 (2000)『神の子どもたちはみな踊る』新潮社
[7] 河合隼雄・村上春樹 (1996/1999)『村上春樹、河合隼雄に会いにいく』岩波書店／新潮社
[8] 村上春樹 (2009-2010)『1Q84』新潮社
[9] 村上春樹 (2000)「蜂蜜パイ」『神の子どもたちはみな踊る』新潮社
[10] 村上春樹 (2017)『騎士団長殺し』新潮社
[11] 市川真人 (2010)『芥川賞はなぜ村上春樹に与えられなかったか』幻冬舎
[12] ペルザー (Pelzer, D.) (1995)／田栗美奈子訳 (2002)『"It"（それ）と呼ばれた子 ―― 幼年期』ソニー・マガジンズ
[13] 中村文則 (2005)『土の中の子供』新潮社

［14］中村文則 (2009)『何もかも憂鬱な夜に』集英社
［15］中村文則 (2013)『去年の冬、きみと別れ』幻冬舎
［16］山岸明子 (2008)「なぜ Dave Pelzer は立ち直ったのか？ —— 被虐待児の生育史の分析」『医療看護研究』*4*, 95-101.
［17］ブルマ (Buruma, I.) (1996)／石井信平訳 (1998)『イアン・ブルマの日本探訪 —— 村上春樹からヒロシマまで』TBS ブリタニカ
［18］村上春樹 (2011/2015)「『壁と卵』 —— エルサレム賞・受賞のあいさつ」『村上春樹 雑文集』新潮社.
［19］大江健三郎 (1964/1972)『個人的な体験』新潮社
［20］大江健三郎 (1964/1972)『空の怪物アグイー』新潮社
［21］山岸明子 (1983)「おとなになるということ —— Kohlberg 理論と Erikson 理論をめぐって」『心理学評論』*26*(4), 272-288.
［22］フィッツジェラルド (Fitzgerald, F. S.) (1925)／村上春樹訳 (2006)『グレート・ギャツビー』中央公論新社
［23］加藤典洋 (2019)「『はらはら』から『どきどき』へ —— 村上春樹における『ユーモア』の使用と『1Q84』以後の窮境」『すばる』4月号
［24］村上春樹 (2000)「かえるくん、東京を救う」『神の子どもたちはみな踊る』新潮社
［25］川上未映子・村上春樹 (2017)『みみずくは黄昏に飛びたつ』新潮社
［26］小森陽一 (2006)『村上春樹論 —— 『海辺のカフカ』を精読する』平凡社
［27］村上春樹 (2013)『色彩を持たない多崎つくると、彼の巡礼の年』文藝春秋
［28］村上春樹 (1985)『世界の終りとハードボイルド・ワンダーランド』新潮社
［29］村上春樹 (2015)『職業としての小説家』スイッチ・パブリッシング
［30］村上春樹 (2003)『少年カフカ —— 村上春樹編集長』新潮社
［31］村上春樹 (2012)『夢を見るために毎朝僕は目覚めるのです —— 村上春樹インタビュー集1997-2011』文春文庫
［32］朝日新聞夕刊2017年4月2日

初出一覧

本書の５章のうち、１章と４章の初出は以下の通りである。

１章　「両親の諍いが子どもに及ぼす影響――小説『死の棘』の家族をめぐる発達心理学的考察」(2022), 順天堂保健看護研究, *10*, 27-34.
「両親の関係性が子どもに及ぼす影響――小説『死の棘』の家族のその後をめぐる発達心理学的考察」(2023), 順天堂保健看護研究, *11*, 76-82.

４章　「主体感の希求――中村文則『私の消滅』をめぐる心理学的観点からの一考察」(2018), 順天堂保健看護研究, *6*, 16-25.

１章の２論文は、本書の第１章と内容は同様であるが、２部に分かれ、発達心理学的観点がより明確な、簡略化された論文である。４章は、この論文に一部書き直しや加筆・縮減を行ったものである。

定年退職後も一風変わった論文を紀要に掲載して下さっている順天堂保健看護学部の編集委員会に感謝いたします。

著者プロフィール

山岸明子［ヤマギシ アキコ］

東京生まれ。東京大学教育学部教育心理学科卒業。東京大学大学院教育学研究科博士課程単位取得退学。教育学博士（東京大学）。順天堂医療短期大学，順天堂大学医療看護学部，スポーツ健康科学部教授を歴任。専門は発達心理学・教育心理学。2014 年定年退職。

主要著書（単著）『道徳性の発達に関する実証的・理論的研究』（風間書房，1995），『道徳性の芽生え ── 幼児期からの心の教育』（単編，チャイルド本社，2000），『対人的枠組みと過去から現在の経験のとらえ方に関する研究 ── 縦断的研究を中心に』（風間書房，2006），『発達をうながす教育心理学 ── 大人はどうかかわったらいいのか』（新曜社，2009），『こころの旅 ── 発達心理学入門』（新曜社，2011），『心理学で文学を読む ── 困難を乗り越える力を育む』（新曜社，2015），『つらさを乗り越えて生きる ── 伝記・文学作品から人生を読む』（新曜社，2017），『青年期から成人期の対人的枠組みと人生の語りに関する縦断的研究』（風間書房，2019）

新曜社

続・心理学で文学を読む
親・大人のあり方をめぐって

初版第 1 刷発行　2023年 6 月 1 日

著　者　山岸明子

発行者　塩浦　暲

発行所　株式会社　新曜社
〒101-0051　東京都千代田区神田神保町 3－9
電話（03）3264－4973（代）・FAX（03）3239－2958
e-mail : info@shin-yo-sha.co.jp
URL : https://www.shin-yo-sha.co.jp/

組版所　Katzen House
印　刷　新日本印刷
製　本　積信堂

ISBN978-4-7885-1814-8 C1011